Mathias Jung

KrankSein und GesundWerden

Das Rätsel psychosomatischer Krankheiten

die
rote
reihe

*Veränderung ist schon alles.
Krankheit das Mittel, ein Choc,
damit die Natur nicht unterliege.*

Goethe
Faust I
Paralipomena

Mathias Jung

KrankSein und GesundWerden

Das Rätsel psychosomatischer Krankheiten

die
rote
reihe

ISBN 3-89189-133-4
1. Auflage 2006

Umschlagfoto: Martin Gutjahr-Jung
Zeichnungen: Reiner Taudien
Umschlaggestaltung: Martin Gutjahr-Jung
Gesamtherstellung: Kösel, Krugzell

Inhalt

Goethe: Ein Kartograph der Körper- und Seelenlandschaft

Unglück ist auch gut.
Ich habe viel in der Krankheit gelernt,
das ich nirgends in meinem Leben
hätte lernen können.

Goethe
(an Anna Katharina Schönkopf
30. 12. 1768)

Psychosomatik – was ist das? In der Schulmedizin und wohl auch bei der Mehrheit der Patienten führt der Begriff eher ein Schattendasein. Das Fremdwörterbuch (Leipzig 1982) definiert sie als die „Lehre von den engen Beziehungen zwischen Körper und Seele" und medizinisch als eine „die körperlich-seelische Verknüpfung berücksichtigende Behandlungs-

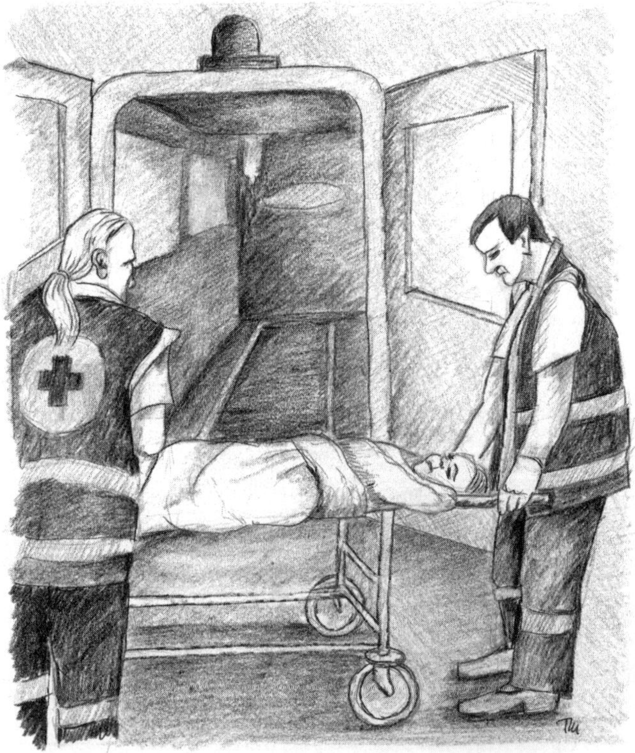

weise". Das Begriffstandem Psychosomatik stammt von dem altgriechischen Wort *psyché*, *Seele*, und *soma*, *Körper*.

Viktor von Weizsäcker (1886–1957), der Pionier der leib-seelischen Medizin, registriert (in seinem Aufsatz *Psychosomatische Medizin*, 1949): „Ein größerer Teil des Publikums steht der psychosomatischen Erklärung fremd, gleichgültig, widerstrebend oder feindselig gegenüber." Die rein mechanistische, biologische, naturwissenschaftliche Theorie des kranken Lebensvorgangs genügt nach Auffassung von Weizsäckers nicht. In einer seiner Vorlesungen sagt er: „Wir müssen sie überschreiten, ‚transzendieren', an den Geist, das Wunder, das Ewige, das Göttliche dabei denken." Er verweist hierbei auf Goethe. Das ist ein wichtiger Hinweis.

Wie kaum ein anderer Dichter oder Naturwissenschaftler war Goethe von schweren Krankheiten, Depressionen und Zusammenbrüchen heimgesucht. Doch gleichzeitig erforschte er auch deren verborgenen Sinn. Krankheit enthüllte sich ihm als eine Art Palimpsest, eine Landkarte des körperlich Organischen, unter der die frühere Schrift des seelischen Leidens hervorschimmert.

Der Schweizer Arzt und Jungianer Frank Nager beschreibt in seinem einfühlsamen Werk *Der heilkundige Dichter. Goethe und die Medizin* (Zürich 1990), wie lebensbedrohliche Krankheiten den Dichter insgesamt sechs Mal an den Rand des Grabes brachten, ihn zugleich aber auch zur „Metamorphose“, zur geistigen Wandlung, stimulierten. Greifen wir eine Krankheitsepisode heraus: 1768 stirbt der neunzehnjährige Jurastudent Goethe in Leipzig fast an einem Blutsturz. Nager hält ein Magen- oder Zwölffingerdarm-Geschwür für die organische Ursache. Darüber hinaus spricht Nager von einem „krankmachenden Hintergrund“. Goethe habe ungesund gelebt, an „melancholischem Unbehagen und hypochondrischen Verstimmungen“ gelitten. Schließlich habe er eine letztlich nicht heilbare, „eifersüchtig-narzisstische Bindung“ an seine damalige Freundin Käthchen Schönkopf gelebt. Wer Goethes psychologisch filigranen autobiografischen Bericht *Dichtung und Wahrheit* studiert, spürt seine damalige innere Zerrissenheit. Eben dort bekennt Goethe auch, er habe durch diese Disharmonie seinen „Organismus derartig verhetzt…, dass die darin enthaltenen… Systeme zuletzt in eine Verschwörung und Revolution ausbrechen mussten, um das Ganze zu retten.“.

Goethe zieht sich in das Frankfurter Elternhaus zurück. Er lässt sich Zeit für die körperliche und seelische Rekonvaleszenz. Er trennt sich von Käthchen Schönkopf. Im langen Prozess seiner Individuation ist er noch lange nicht für eine eheliche Verbindung fähig. Nachdem er so sein aus dem Gleichgewicht geratenes Leben geordnet hat, kann er jubeln: „Da bei mir sich die Natur geholfen, so schien ich auch nunmehr ein anderer Mensch geworden zu sein: denn ich hatte eine größere Heiterkeit des Geistes gewonnen.“ Und: „Der Himmelsarzt hat das Feuer des Lebens in meinem Körper wieder gestärkt, und Mut und Freude sind wieder da.“ Gesundheit ist für Goethe Gleichgewicht der Kräfte, Krankheit deren Störung.

Der vitale leib-seelische Organismus gerät naturgemäß immer wieder aus dem Takt. Er verfügt jedoch über die Fähigkeit, seine Homöostase (Selbstregulierung, Gleichgewicht) aus eigenen

Kräften zurückzugewinnen. Goethe: „Die sogenannte Gesundheit kann nur im Gleichgewicht entgegengesetzter Kräfte bestehen, wie das Aufheben derselben (also Krankheit) entsteht, und besteht nur aus einem Vorwalten des einen über die anderen."

Der psychosomatisch kundige Goethe steht der Krankheit nicht einfach als ein *homo patiens*, also als ein passiv Leidender, gegenüber, sondern als ein mündiger, selbst verantwortlicher, seine Kräfte mobilisierender Mensch: „Ich kann aus meinem eigenen Leben ein Faktum erzählen, wo ich bei einem Faulfieber der Ansteckung unvermeidlich ausgesetzt war, und wo ich bloß durch einen entscheidenden Willen die Krankheit von mir abwehrte. Es ist unglaublich, was in solchen Fällen der moralische Wille vermag! Er durchdringt gleichsam den Körper und setzt ihn in einen aktiven Zustand, der alle schädlichen Einflüsse zurückschlägt."

In einem berühmt gewordenen Bild charakterisiert Goethe das Kranksein als *Systole* (Zusammenziehung des Herzens), als heilenden Rückzug und „Zusammenziehung in sich selbst".

Dieser Systole folge die rhythmische Entspannung des Herzens, also die *Diastole* der Genesung, und schließlich eine Entwicklung zu „höherer Gesundheit“ und eine Persönlichkeitswerdung. In diesem Sinn bekannte der zwanzigjährige Goethe, dem Schatten des Todes entronnen, seinem Käthchen Schönkopf den schöpferischen Impuls des Krankseins: „Unglück ist auch gut. Ich habe viel in der Krankheit gelernt, das ich nirgends in meinem Leben hätte lernen können.“

Immer wieder hat Goethe Krankheiten und Ängste als Ferment zur Bewusstseinserweiterung genutzt. Als Student in Straßburg – auch das wissen wir aus *Dichtung und Wahrheit* – litt er gleich unter drei Phobien: Höhenangst, Gespensterangst und Angst vor Blut. Gleichsam verhaltenstherapeutisch heilte er sich selbst: Indem er die steilen Treppen des Straßburger Münsters hochkletterte und sich bewusst dem Höhenschwindel aussetzte, überwand er ihn. Indem er um Mitternacht auf dem Friedhof wandelte, löste er sich von seiner Angst vor den Dämonen. Indem er am städtischen Krankenhaus mehrfach Operationen beiwohnte, verlor er seine Angst vor Blut und medizinischen Eingriffen.

Vierundzwanzigjährig, Rechtspraktikant in Wetzlar, wird Goethe von einer schweren reaktiven Depression mit suizidalen Anwandlungen erfasst. Sie ist, wie der Name schon sagt, die Reaktion auf eine lebensgeschichtliche Krise. Es ist seine unerfüllte und unerfüllbare Liebe zu Charlotte Buff, die einem anderen Mann „versprochen" ist. Was macht Goethe? Er rettet sich intuitiv und instinktiv, kraft seines Unbewussten. Er schreibt den Briefroman *Die Leiden des jungen Werther.* Hier vermag der unglückliche Held seine Leidenschaft zu der mit einem anderen Mann verlobten Lotte nicht zu überwinden. Er erschießt sich. Goethe geht es, wie er schrieb, darum, „das Innere eines kranken jugendlichen Wahns öffentlich und fasslich darzustellen". Es gelingt ihm gleich zweifach. Der *Werther* wird zum epochalen Bestseller. Er macht den Dichter europaweit berühmt – und Goethe heilt sich durch das Schreiben, wie noch mehrmals später in seinem Leben, von seiner Not.

In *Dichtung und Wahrheit* kommentiert Goethe den psychoanalytischen Selbstheilungsakt durch das Herausschreiben der eigenen Schattenpersönlichkeit so: „Ich hatte mich durch diese Komposition mehr als durch jede andere aus einem stürmischen Elemente gerettet... Ich fühlte mich, wie nach einer Generalbeichte, wieder froh und frei und zu einem neuen Leben berechtigt. Das alte Hausmittel war mir diesmal vortrefflich zustatten gekommen."

Wenn Goethe ein Leben lang um einen komplexen leib-seelischen Begriff von Heilung ringt, wenn er die vielschichtigen Zusammenhänge von Bewusstem und Unbewusstem, von Es und Ich, von Gesundheit und Krankheit zu erhellen versucht und den Helden seines Bildungsromans *Wilhelm Meister* als Vollendung Arzt werden lässt, so heißt das keineswegs, dass er sich selbst vollständig „gewusst" und sein *Es* im Griff gehabt hätte. Das Triebhafte und Unbeherrschbare entglitt ihm immer wieder auf schmerzhafte Weise.

Frank Nager weiß in anderem suchtmäßigen Zusammenhang davon zu berichten: „Den

Wein … liebte Goethe. Besonders in seinem sechsten und siebenten Lebensjahrzehnt war er ihm übermäßig zugetan. Es gehört zu den tragischen Aspekten der Familie Goethe, dass die Lebensgefährtin und spätere Gattin, Christiane Vulpius – aus welchen tieferen Gründen? Aus mangelnder Eigenentfaltung neben dem dominanten Patriarchen? –, und dass sein Sohn August, erdrückt von der monumentalen Größe, gelähmt durch die Erwartungshaltung des übermächtigen Vaters, eindeutige Alkoholiker waren. Sehr wahrscheinlich ist August auf seiner Italienreise 1830, die ihm, wie früher dem Vater, Genesung bringen sollte, an einer alkoholischen Gehirnschädigung gestorben. Der jüngere Goethe selbst bekannte sein Alkoholproblem gegenüber der Geliebten Charlotte von Stein mit Notaten wie „Drei Tage ohne Wein!“ oder „Wenn ich den Wein abschaffen könnte, wär’ ich sehr glücklich“ und „Man könnte noch mehr, ja das Unglaubliche tun, wenn man mäßiger wäre“.

Den Zusammenhang von Krankheit und Krise haben Denker von Augustinus über Montaigne, Rousseau, Gottfried Keller und Fontane bis

Marcel Proust (*Auf der Suche nach der verlorenen Zeit*) und schließlich auch Thomas Mann (*Zauberberg, Tod in Venedig*) eindrucksvoll beschrieben. Was macht ein Philosoph, wenn er krank wird? Ich habe diese Frage in der Auseinandersetzung mit dem Denker David Hume (*Hume. Die englische Aufklärung*, emu Verlag, Lahnstein) ausführlicher beleuchtet. Hume (1711–1776), der große Skeptiker der Weltphilosophie, erkrankte als junger Mann in den Jahren von 1731 bis 1734 hartnäckig. Er hatte Essstörungen, Herzbeschwerden, Ekzeme an den Fingern, leichten Skorbut, extremen Speichelfluss, Konzentrationsschwäche und depressive Verstimmungen.

Zweifellos war der adipöse Denker fehlernährt, aber das Problem lag auch im Lebensbedingten. Sein kluger Arzt meinte, er leide an der „Krankheit der Gebildeten". Tatsächlich befand sich David Hume in einer schweren denkerischen Krise. Er war geistig positionslos. Auf die Frage nach dem Sein und Sinn des Menschen konnten ihm weder die christliche Lehre des Calvinismus noch die des Stoizismus von Kleanthes bis Seneca eine Antwort geben. Die christliche Ideologie betonte einseitig die Verderbtheit des Menschen, die stoische Philosophie neigte zur Unterdrückung seiner starken und lebensnotwendigen Affekte. Hume: „Weder Christ noch Stoiker wussten offenbar Bescheid um die menschliche Natur!“

Natürlich halfen Hume weder die ärztlich verordnete Kur mit „Bittermitteln und anti-hysterischen Pillen“ noch das tägliche Glas französischer Rotwein oder das Reiten. Er erkannte vielmehr, dass sein Leiden auch psychisch grundiert war. Er verglich seinen Zustand mit den sonderbaren Krankheiten religiöser Mystiker: „Sofern sie ihre Seelenlage schildern, nennen sie immer eine Kälte und Abwesenheit des Geistes“. Hume war von dem dreijährigen Krankheitsmartyrium fast verzweifelt: „Ob ich je auf eine Gesundung hoffen kann? Ob ich lange darauf warten muss? Ob ich je vollkommen gesund werde und meine Lebensgeister ihre frühere Spannkraft und Vitalität zurückgewinnen werden, damit sie die Strapazen, Tiefen meines unzugänglichen Denkens ertragen?“

Nun ergriff Hume die Initiative. In einem ausführlichen Brief, einer Art Anamnese, schrieb er einem Arzt die detaillierte Geschichte seiner Beschwerden. Exakt dieses präzise Schreiben, die gründliche Analyse der Symptome und inneren Gestimmtheiten, bewirkten in Hume Distanzierung und seelische Reinigung. Er schrieb sich die Nöte von der Seele. So wie das Prinzip der von Freud entwickelten Psychoanalyse als *Redekur* verstanden wird, so kann es auch als „Schreibkur" gehandhabt werden. Oft befreien wir uns in intimen Briefen durch die Äußerung von Trauer, Wut, Ergriffenheit, Sehnsucht, Freude, Inspiration und Hoffnung von dem alten, nicht mehr Lebbaren unserer Existenz.

Hume ergänzte seine Selbstheilung, indem er einen Ortswechsel vornahm und Schreibgehilfe bei einem Kaufmann in Bristol wurde. Er ließ die Krise hinter sich: „Ich begann, mich selbst aufzuwecken". Wie ein Phoenix entstieg der angehende Gelehrte der Asche. Er erkannte: „Indem wir unsere Kraft sammeln, um den Widerstand zu überwinden, stärken wir die Seele und verleihen ihr eine Erhebung, die ihr sonst unbekannt geblieben wäre. Fügsamkeit, die unsere Kraft überflüssig macht, nimmt uns das Bewusstsein derselben; Widerstand aber erweckt und beschäftigt sie." Wenige Jahre später legte Hume sein philosophisches Meisterwerk *Ein Traktat über die menschliche Natur* vor, das den größten deutschen Philosophen Immanuel Kant aus seinem „dogmatischen Schlummer" riss und die Wissenschaftsmethodologie bis hin zu Albert Einstein und Max Planck revolutionierte.

Hinter Körperlandschaften stehen Seelenlandschaften. Sie können blühen oder leiden. Der Philosoph und Lebenskünstler Montaigne (1533–1592) konstatiert in seinen *Essays*: „Bekanntlich hat man in krummer, gebückter Haltung weniger Kraft zum Lastentragen. So geht es auch der Seele. Wir müssen sie aufrichten und straffen."

Welche seelischen Verletzungen hinter banal erscheinenden Schmerzen stehen können und wie mühselig die Dechiffrierarbeit psychosomatischer Rätsel durch Patient und Arzt sich über Monate hin gestalten mag, das hat mir mein Freund Hermann Josef Simonis eröffnet. Der

Arzt und Psychotherapeut praktiziert in Zell an der Mosel und leitet auch gut besuchte psychotherapeutische Selbsterfahrungsgruppen. Er hat mir, wofür ich ihm von Herzen danke, die – natürlich anonymisierte – Falldarstellung eines Patienten zur Verfügung gestellt, die die komplizierte Dialektik von Krankheit und Gesundheit und deren Heilung sichtbar macht.

Dr. Simonis berichtet: „Ein zirka fünfunddreißigjähriger Mann kam vor ungefähr fünf Jahren zu mir in die Allgemeinarzt-Sprechstunde. Er war 195 cm groß, bärtig und von athletischer Statur. Sein Auftreten war selbstbewusst und sehr männlich. Er erklärte, dass er unsicher sei, ob er hier bei mir als Psychotherapeut überhaupt richtig sei. Dann erzählte er mir, dass er seit zwei Jahren an starken Rückenschmerzen leide und von Orthopäde zu Orthopäde gegangen sei, ohne dass ihm einer helfen konnte oder eine den Schmerzen entsprechende Ursache gefunden worden sei. Zuletzt habe er sogar Morphium bekommen, was auch kaum geholfen habe. Er sei dann aus Verzweiflung zum Nervenarzt weiter überwiesen worden, der ihm ein Mittel gegen Depressionen gegeben habe. Dieses Mittel habe, was ihn sehr wunderte, besser geholfen als Morphium und all die Rheumamittel. Nun habe er sich gedacht, dass die Ursachen ja dann psychisch sein können und habe mich deshalb einmal aufgesucht.

Hier die wichtigsten Fakten seiner Lebensgeschichte: Er sei einmal geschieden und habe zwei Töchter, von denen er eine selber großzog. Er arbeite in einer Behindertenwerkstätte und sein Hobby sei Tauchen und Sport. Seit seiner Krankheit könne er leider keinen Sport mehr machen und sei mit sich und der Welt unzufrieden. Er habe seit fast acht Jahren eine feste Freundin, die wie er sportlich sei, leider aber vor fünf Jahren an Brustkrebs erkrankt sei. Nun habe sie Knochenmetastasen und sei deswegen an den Rollstuhl gefesselt.

In der anschließenden Gruppentherapie stellte sich heraus, dass es ihm schwer fiel, Gefühle wie Schmerzen, Angst oder Trauer zu spüren, geschweige denn sie auszudrücken oder darüber zu reden. Auch seine Freundin schilderte er als sehr tapfer. Man könne nicht gemeinsam über Sorgen und Ängste sprechen. In der Therapie vermochte sich dieser Patient gefühlsmäßig zu öffnen und erstmals zu weinen, seine Ängste um die Partnerin zu spüren und sich den Gruppenteilnehmern anzuvertrauen. Dies führte dann auch zu offeneren Gesprächen mit der krebskranken Freundin und somit auch zu herzlicher Gefühlsoffenheit und Nähe.

Am letzten Wochenende der Gruppentherapie wurde er kurz vor der Abschlussparty am Samstagabend sehr besorgt und unruhig. Es zog ihn zu seiner Freundin ins Krankenhaus. Diese verstarb in dieser Nacht in seinen Armen. Er kehrte Sonntag morgens in die Therapiegruppe zurück, wo er ganz herzlich getröstet und aufgenommen wurde. Er konnte so seine Trauerarbeit mit Unterstützung von uns Therapeuten und den Gruppenmitgliedern direkt beginnen und war nach wenigen Monaten wieder offen für eine neue Beziehung. Seine Rückenschmerzen verschwanden schon während der Therapie. Er konnte bald auch seinen geliebten Sport wieder aufnehmen.“

Der Seelenarzt Hermann Josef Simonis kommt am Ende seines Berichts über den Patienten zu folgendem Fazit: „Seine körperlichen Beschwerden ließen sich wohl so erklären, dass er unbewusst die Rückenschmerzen der Freundin mittragen wollte, da er sein ‚Mitleid(en)' nicht anders ausdrücken konnte. In einem gefühlskalten Elternhaus war er wie ein typischer Junge erzogen worden mit der Lebenseinstellung: Jungen müssen alleine klarkommen, sollen ihre Gefühle beherrschen und tapfer sein. Diesen Männern und Frauen, die ihre Gefühle meist verdrängen und im Leben sonst mit ihrer Verkopftheit und egoistischem Durchsetzungsvermögen gut funktionieren und normalerweise keinen Psychotherapeuten aufsuchen, bleibt somit nur die körperliche, somatische Ebene, das heißt die Körpersprache übrig, um Bedürfnisse und unbewusste Gefühle auszudrücken."

Man sieht, die Spurensuche bei der psychosomatischen Erkrankung ist oft nicht einfach. Denn die Seele ist komplex, im ununterbrochenen Wechselstrom fließend. Goethe sagt, des Menschen Seele gleicht dem unruhigen Kreislauf des Wassers:

Vom Himmel kommt es,
Zum Himmel steigt es
Und wieder nieder
Zur Erde muss es
Ewig wechselnd (...)

Seele des Menschen
Wie gleichst du dem Wasser!
Schicksal des Menschen
Wie gleichst du dem Wind!

Was ist Krankheit? Antike, Mittelalter, Neuzeit

Denn das ist der größte Fehler bei der Behandlung der Krankheiten, dass Leib und Seele allzu sehr voneinander getrennt werden, wobei es doch nicht geschieden werden kann – aber das gerade übersehen die Ärzte, und darum entgehen ihnen so viele Krankheiten; sie sehen nämlich niemals das Ganze. Dem Ganzen sollten sie ihre Sorgen zuwenden, denn dort, wo das Ganze sich übel befindet, kann unmöglich ein Teil gesund sein.

Plato
427–374 v. u. Z.

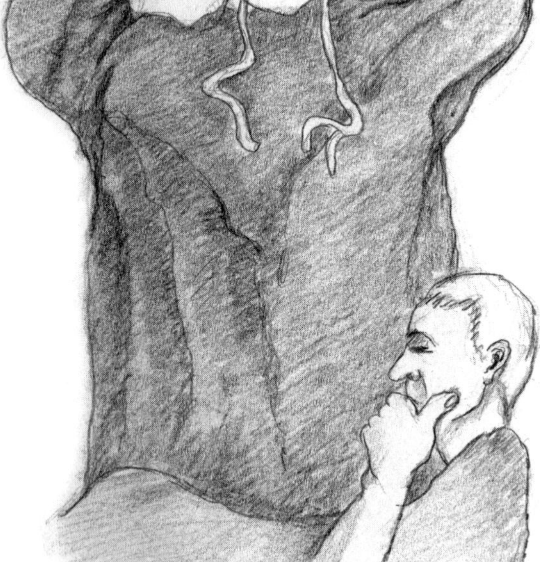

Krankheit und Gesundheit ereignen sich nicht im luftleeren Raum. Beide sind sozial, kulturell und individuell bestimmt. Was heißt das?

Beginnen wir mit dem sozialen Faktor. „Arm oder reich“, sagt das Sprichwort, „der Tod macht alle gleich.“ Das stimmt, aber es ist nur die halbe Wahrheit. Es gibt nämlich noch ein Leben vor dem Tod. Das macht uns ungleich. Eine alte Beobachtung lautet: „Weil du arm bist, musst du früher sterben.“ Man könnte das leicht für eine bittere Reminiszenz der Vergangenheit halten. Immerhin starben die Sklaven in der Antike unter der Fron der Ausbeutung und die städtische Bevölkerung im Mittelalter unter den Pandemien von Cholera, Beulen- und Lungenpest.

Noch im 19. Jahrhundert war die hohe Sterblichkeit der Arbeiterinnen und Arbeiter und ihrer Kinder infolge der schlechten Wohn- und Sanitärverhältnisse, der Mangelernährung und damit der Seuchengefährdung erschreckend. Der große Sozialmediziner (und Zellularpathologe) Rudolf Virchow (1821–1901), Parlamentarier im Preußischen Abgeordnetenhaus, warnte bereits 1848, dass die Mortalität in Preußen um sechs Prozent höher als in England sei. Von den sechzehn Millionen preußischen Staatsbürgern, vor allem den Arbeitern, müssten jährlich sechsundneunzigtausend weniger sterben, wenn sie in England leben und dessen öffentliche Gesundheitspflege in Anspruch nehmen könnten.

Virchow, zu dieser Zeit „Armenarzt“, erkannte: „Mag man sich immerhin auf Witterungsverhältnisse, auf allgemeine kosmische Veränderungen und Ähnliches beziehen, niemals machen diese an und für sich Epidemien, sondern sie erzeugen sie immer da, wo durch die schlechten sozialen Verhältnisse die Menschen sich längere Zeit unter abnormen Bedingungen befinden.“ Virchow forderte: „Die Aufnahme in ein Krankenhaus muss demnach jedem Kranken freistehen, gleichviel, ob er Geld hat oder nicht, ob er Jude oder Heide ist. Meldet sich jemand zur Aufnahme, so handelt es sich nur darum, ob er krank ist und ob seine Verhältnisse die Aufnahme in ein Krankenhaus verlangen.“

Für Virchow war das Schlüsselerlebnis für seine Lehre von der „sozialen Medizin“ seine Mission zur Erforschung der Hungertyphus-Epidemie in Oberschlesien. Hier erkannte der Mediziner, dass sie in den sozialen Missständen, der krassen Armut der Bevölkerung wurzelte und deshalb einschneidende Sozialreformen als Gegenmittel erforderte. Virchow: „Es ist hinlänglich bekannt, dass die deutschen Arbeiter unendlich viel schlechter leben als die große Menge der englischen. Haben wir also nicht hier würdige Aufgaben für die öffentliche Gesundheitspflege? Gewährt nicht die jetzige Lebensweise unseres Volkes die vielfachsten Anknüpfungspunkte für große Verbesserungen? Ist nicht in Kleidung, Nahrung und Wohnung unendlich viel zu reformieren?“ (Nach Christian Andree, *Rudolf Virchow. Leben und Ethos eines großen Arztes*, München 2002).

Krankheit war und ist, das dürfen wir bei aller psychischen Durchdringung des Themas nicht vergessen, häufig eine soziale Kränkung. Nirgendwo in Europa sterben die Menschen so früh wie in Russland. Die Lebenserwartung russischer Männer sank nach dem Zusammenbruch der

Sowjetunion und dem Umsichgreifen raubtierkapitalistischer Ausbeutung und Verelendung auf derzeit 58,8 Jahre. Damit stirbt ein russischer Mann im Durchschnitt, bevor er das Rentenalter erreicht. Russische Frauen haben, wie die Zahlen des staatlichen Statistikdienstes (2006) zeigen, zwar mit zweiundsiebzig Jahren eine deutlich höhere Lebenserwartung, aber diese liegt dennoch fast ein Jahrzehnt unter derjenigen der deutschen Frauen.

Nach Angaben der Weltgesundheitsorganisation WHO stehen den 1,1 Milliarden Übergewichtigen in den reichen Industriestaaten 800 Millionen unterernährte, zur frühen Sterblichkeit verdammte Frauen, Männer und Kinder in der „Dritten Welt" gegenüber. 171 Millionen Kinder unter achtzehn Jahren arbeiten unter gesundheitsschädlichen Bedingungen in Steinbrüchen oder als Dienstmädchen im Sklavenstatus. 143 Millionen Kinder bleiben in Afrika als Folge der wachsenden Aids-Epidemie ohne Eltern. Mehr als 100 Millionen Heranwachsende schlagen sich in den Großstädten der Welt auf der Straße durch, ohne medizinische Betreuung. Die kranke Gesellschaft produziert Kranke.

Die Krankheit als soziale Kränkung ist jedoch kein exotisches Phänomen, das uns Deutsche nicht angeht. 2004 konstatierte der zehnte(!) Kongress *Armut und Gesundheit* in Berlin: „Arme Menschen sind häufiger krank, ernähren sich schlechter, treiben weniger Sport, sind statistisch öfter Opfer von Unfällen und sterben deutlich früher. Aber arm oder sozial benachteiligt ist man nicht unbedingt sein Leben lang, sondern in bestimmten Situationen des Lebens: Kinder aus kinderreichen Familien, alleinerziehende Mütter, Menschen mit schlechterer Bildung, Emigranten und Arbeitslose."

Der Kongressort Berlin scheint symptomatisch. Berliner Ärzte fanden bereits in den Neunzigerjahren heraus, wie die Lebenserwartung mit Armut und Wohlstand zusammenhängt: Angestellte mit einem Jahreseinkommen von dreißigtausend D-Mark hatten, so die statistischen Befunde der Mediziner, geringere Chancen, das Rentenalter zu erreichen als jene mit sechzigtausend D-Mark. Im armen Bezirk Kreuzberg starben doppelt so viele Menschen unter fünfundsechzig Jahren wie im reichen Zehlendorf.

Die Studie ist keineswegs veraltet. Sie ist vielmehr im Jahr 2006 erstmals durch eine weitere umfassende Studie erhärtet worden. Wissenschaftler des Rostocker Max-Planck-Institutes werteten die anonymisierten Rentenversicherungsdaten von 5,2 Millionen Männern über 65 Jahre aus. Diese enthalten über die gesammelten „Entgeltpunkte“, nach denen die Rentenhöhe bestimmt wird, Hinweise auf das höhere oder niedere Einkommen während des Erwerbslebens. Demnach stieg die Lebenserwartung der Rentner kontinuierlich an, je mehr Entgeltpunkte sie bei der Rentenversicherung gesammelt hatten: von durchschnittlich nur rund 14 Jahren Restlebenserwartung in der Gruppe der 65-jährigen Versicherten mit wenigen Entgeltpunkten auf bis zu 19 Jahre bei der Gruppe der Versicherten mit den höchsten Entgeltpunkten. Fazit: Die Restlebenserwartung ist mit 17,8 Jahren bei Angestellten höher als bei Arbeitern (15,5 Jahre). Privatversicherte 65-jährige haben demnach noch 19 Jahre zu leben, Pflichtversicherte nur 16 Jahre. Der Projektleiter Rembrandt Scholz ergänzte („Rhein-Zeitung“, 12.5.2006): „Neben dem Gesundheitszustand spielt das Bildungsniveau eine Rolle. Von ihm hängt nicht nur die

Höhe des Erwerbseinkommens ab, sondern häufig auch das Gesundheitsbewusstsein und -verhalten."

Schlimm ist nach einer Hannoveraner Studie aus dem Jahr 2004 die Lage der männlichen Langzeitarbeitslosen. Sie unternehmen zwanzig Mal(!) öfter Suizidversuche als ihre im Berufsleben stehenden Kollegen, sie sind signifikant häufiger süchtig, krank, depressiv und von Herz-Kreislaufschäden und Erkrankungen des Bewegungsapparats betroffen.

Weitere „Risikogruppen" sind Alleinerziehende, meistens Frauen und Unterschichtkinder. Kinder, die Gymnasien besuchen, leben gesünder. Sie pflegen mehr soziale Kontakte. Sie gehen weniger Risiken ein. Hauptschüler haben dagegen starke Gesundheitsdefizite. Das dokumentierte bereits 1996 die *Heidelberger Kinderstudie*. Sie basierte auf einer Befragung von rund 4000 neun- bis elfjährigen Schülern an 73 Schulen im Heidelberger Raum. Hauptschüler, so hieß es da, „fühlen sich überwiegend nicht gesund und zu Hause nicht wohl". Kinder dieses Bildungsniveaus sind häufiger einsam und unglücklich. Sie sitzen lange vor der „Glotze". Sie sehen ihre Zukunft nicht sehr rosig. Während nur 20 bis 30 Prozent der Mütter und Väter von Gymnasiasten rauchen, sind es bei den Hauptschülern zwischen 50 und 60 Prozent, die regelmäßig am Glimmstängel ziehen. Kinder aus sozial einfachen Verhältnissen fangen früher an zu rauchen oder haben es vor. Sie trinken häufiger Alkohol. Sie gehen nachlässiger mit ihrer Hygiene (Zähneputzen) und Sicherheitsmaßnahmen (Anschnallen, Helm tragen) um. Kinder in Raucherhaushalten haben doppelt so häufig Husten, Kopf- und Bauchschmerzen. Sie leiden drei Mal häufiger an Schlafstörungen und Konzentrationsschwierigkeiten. Auch nehmen sie doppelt so viele Schmerzmittel wie Kinder in Nichtraucherhaushalten.

Bereits 1931 – im Zeichen der Weltwirtschaftskrise – diagnostizierte Viktor von Weizsäcker in seiner Studie *Über den Begriff der Arbeitsfähigkeit* die Gefahr der *Entmutigungsneurose* als soziale Kränkung durch Arbeitslosigkeit: „Die Entwicklung unserer Zustände nämlich zeigt uns, dass dieselben klinischen Bilder, vor allem dieselben physiologischen Symptombildungen mit Zittern, Lähmung, Kopfweh, Schwindel, Schlaflosigkeit und Herzklopfen, sich nicht bei demjenigen so einstellen, der sich gegen die Arbeit oder die zu schwere Arbeit wehren möchte, sondern bei demjenigen, der gerade kämpfen muss, um Arbeit zu erlangen." Psychosomatische Krankheiten sind auch heute noch oft als ein Überbauphänomen der kranken, entsolidarisierten Gesellschaft zu betrachten. Massenarbeitslosigkeit und die Angst vor ihr können uns krank machen.

Der amerikanische Soziologe Richard Sennett beschreibt in seiner Studie *Der flexible Mensch* (1998) die Seelenschädigung durch den Globalismus. In einer Wirtschaft, die den Menschen zum bloßen Zweck für schnelle Kapitalverwertung macht, ihm äußerste Verfügbarkeit abverlangt und den älteren Arbeitnehmer (ab 50!) als Risikofaktor wertet, werden Würde und Selbstbewusstsein untergraben. Jederzeit mögliche Kündigung führt nach Sennett zu Bindungsverlust und Krankheitsanfälligkeit: „Das Besondere an der heutigen Ungewissheit ist nicht die Tatsache, dass sie in Verbindung mit einer drohenden historischen Katastrophe steht, sondern vielmehr mit den alltäglichen Praktiken eines vitalen Kapitalismus verwoben ist. Instabilität ist normal... Vielleicht ist die Zerstörung des Charakters eine unvermeidliche Folge."

Verminderte Bodenhaftung ist die Folge der Globalisierung. Bindungslos geworden rutschen wir aus. Wie nie zuvor sind wir gefordert, gegen die Entsolidarisierung des Wirtschaftsglobalismus und seine Kälte soziale Netze und Reformen im Sinne der materiellen und seelischen Stabilität zu erkämpfen.

*

Was ist Krankheit? Diese Frage stellt sich immer im größeren kulturellen Kontext. Greifen wir vereinfachend lediglich die Gesundheits- und Krankheitsvorstellungen des Abendlandes in der Antike, im Mittelalter und der Moderne heraus.

Die Antike, vor allem die griechische Kultur, ist von einem optimistischen Menschenbild beseelt. Der Mensch ist das Maß aller Dinge. Sein Leib ist schön. Er wird in seiner Nacktheit in Form von vollendeten Statuen gewürdigt. Es gilt der Satz *mens sana in corpore sano* – ein gesunder Geist in einem gesunden Körper. In der Medizin des Hippokrates (460–377 v. u. Z.) wird die Gesundheit als leib-seelische Gesamtharmonie des Menschen mit sich selbst, seinem Leib und seiner Seele angesehen. Krankheit ist eine Störung dieser Harmonie. Sie ist immer vom Menschen verursacht. Der Arzt und Philosoph Pythagoras (um 580–500 v. u. Z.) hielt fest, „dass die Götter unschuldig sind an den Leiden, und dass alle Krankheiten und Schmerzen des Körpers die Erzeugnisse der Ausschweifungen sind." Pythagoras war es, der die Diätetik (altgriechisch *díaita, Lebensweise*), also die Lehren von den gesunden Lebensformen, entwickelte. Er meinte damit Mäßigkeitsgebote im Essen und Trinken, die richtigen Verhältnisse von Speise und Trank und deren möglichst natürliche Zubereitung – ungekochte Speisen sind, wie im Sinne der modernen vitalstoffreichen Vollwerternährung, das Beste. Zum Frühstück nahm Pythagoras Honig und (Vollkorn-) Brot zu sich. Er trank kaum Wein und aß viel Salat. Der Wein erzeuge Raserei, und auch Fleisch ist nach Pythagoras zu meiden.

Hippokrates von Kos, einer Insel im Ägäischen Meer, begründete den Charakter der Medizin als

Erfahrungswissenschaft. Er würdigt den Menschen naturalistisch und modern als eine Erscheinung der Natur. Er gehört ihr an, er ist in ihr geborgen. Er erfährt durch sie Leiden wie Heilung. Seine Humorallehre, also die Lehre von den verschiedenen Körpersäften und ihrer Auswirkung auf Leib und Charakter (vgl. dazu M. Jung, *Mein Charakter – mein Schicksal* emu Verlag, Lahnstein 2004) hat zweifellos und unverkennbar spekulative Elemente. Dennoch ist sie vom Grundprinzip her eine naturwissenschaftliche empirisch orientierte Medizin. „Ihr kraftvoller Materialismus“, so Viktor von Weizsäcker (in *Meines Lebens hauptsächliches Bemühen*, 1956), „bedeutet uns noch immer dies: die Überlegenheit wissenschaftlicher Naturerkenntnis über unwissenschaftliche Magie“.

Das antike Gesundheits- und Krankheitsverständnis wurde zur Geburtsstätte der Medizin bis heute. Wir verdanken ihr die wichtigsten Disziplinen: Die Physiologie (*physis, die Natur*), die Pathologie (*pathos; Schmerz; logos, die Lehre*), die Pharmakologie (*pharmakon, das Heilmittel, das Gift*), die Diagnostik (*diagnoskein, erkennen, durchschauen*), die Therapie (*therapeuein, beglei-*

ten) sowie die Mehrheit der Organbenennungen und ihrer Krankheiten von der Gastritis (*gastér, der Magen*), von der Nephrologie (*nephros, die Niere*) bis zur Gynäkologie (*gyné, die Frau*). Die antike Medizin ist ganzheitlich angelegt. Sie setzt seelentherapeutische Instrumente wie die Traumdeutung, den Tempelschlaf, Entspannung, Autosuggestion und die sokratische *Hebammenkunst* (*maieutiké*) ein. Die Letztere bedeutet das kunstvolle Entbinden der Wahrheit aus dem Patienten durch die *Anamnese* (*anámnesis, die Erinnerung*). Der Geist der Medizin erfüllt sich nach Auffassung seiner Vordenker bis hin zu dem Philosophen Plato in demütigem und respektvollem Lauschen gleichermaßen auf die Symptome (*sýmptoma, die Krankheitserscheinung*) des Körpers wie der Seele. Arzt und Medikamente, therapeutische Interventionen bis hin zur chirurgischen Dienstleistung (*cheír, die Hand*) haben nach diesem Verständnis nur unterstützenden, nicht ursächlich heilenden Charakter. „Natura sanat", bekunden noch die Römer lapidar, „medicus curat", „die Natur heilt, der Arzt behandelt".

Natürlich darf man die antike Medizin nicht idealisieren. Sie entspricht dem Wissensstand einer vorindustriellen Gesellschaft und ist zudem eine unbarmherzige Klassenmedizin, die nur dem „freien“ Menschen zusteht. Dem größten Teil des Volkes, nämlich den Sklavinnen und Sklaven, steht eine qualifizierte medizinische Betreuung keineswegs offen. Dennoch ist Viktor von Weizsäcker Recht zu geben, wenn er (in *Meines Lebens hauptsächliches Bemühen*) resümiert: „Die Anknüpfung an die Antike, die meist ‚hippokratisch‘ genannte Medizin, und das ist die wissenschaftliche, rationale Medizin des Körpers, behält ihre Geltung… Als Ordnungsruf an den schweifenden oder spielenden Geist zur Disziplin und zum Realismus!“

Demgegenüber stellt das Mittelalter, nach wissenschaftlichen und aufklärerischen Maßstäben gemessen, einen fatalen Rückschritt dar. Unter dem Eindruck der Amtskirche und ihrer augustinischen Theologie der „Erbsünde“ gilt nunmehr Krankheit als Strafe für die Gefallenheit des Menschen und seine Übertretung der göttlichen Gebote: „Der Tod ist der Sünde Sold“. Gesundheit wie Krankheit stellen die klerikalen

Meinungsführer als eine göttliche Fügung dar, als ein Schicksal, gegen das der Mensch wenig unternehmen kann. Im Gegenteil soll die Krankheit den Menschen an seine Hinfälligkeit und Sündhaftigkeit und die Illusion des Diesseits erinnern. Das Jenseits soll die eigentliche Bestimmung unseres Lebens sein. Das irdische Hier und Heute gilt als das *Tal der Tränen*.

Die Kultur der Amtskirche ist leibfeindlich. Der Mensch wird nicht mehr nackt, sondern nur verhüllt dargestellt. Den Ärzten ist es bis zur Goethe-Zeit verboten, eine Frau gynäkologisch zu untersuchen. Auch die Leichenobduktion, also die wissenschaftliche Anatomie des Menschen (*anatomeín, aufschneiden*), wird mit dem Scheiterhaufen geahndet. Der Mensch darf Gott nicht ins Handwerk pfuschen. Der Mensch hat keine letztliche Bestimmung über seinen Körper. Verhütung, Sexualpraktiken, die nicht auf Fortpflanzung abzielen, Schwangerschaftsabbruch und besonders die Selbsttötung („Todsünde") sind strikt verboten.

Die Medizin des Mittelalters ist mehrheitlich und strukturell – von einigen Pionieren wie Paracelsus oder der Kräuterkunde abgesehen – unwissenschaftlich. Krankheiten sollen nicht empirisch und rational erforscht werden. Sie gelten vielmehr als übersinnlich verursacht. Martin Luther äußert öffentlich: „Ich glaube, dass meine Krankheiten nicht alleweg natürlich sind, sondern dass Junker Satan seinen Mutwillen an mir übet durch Zauberei“. In seinem Brief an den Landesherrn fügt er hinzu: „Keine Krankheit kommt von Gott, der gut ist und jedermann alles Gute tut; sondern ist vom Teufel, der alles Unglück stiftet und anrichtet und sich in alles Spiel und Künste ein mengt.“ Luther glaubt an „Hexen“ und nennt sie die Helfershelfer des Teufels. Er empfindet es daher als ein „gerechtes Gesetz, Hexen mit dem Tode zu bestrafen; denn schaust du solche Weiber an, so wirst du sehen, dass sie ein teuflisches Gesicht haben. Ich habe selber deren etliche gesehen ... man töte sie nur.“

Strukturelle Unwissenschaftlichkeit der Krankheitsbekämpfung heißt, dass die Theologen vom Wirken von „Elementargeistern“ und Teufeln sprechen, zu Wallfahrten aufrufen und das Auflegen geweihter Medaillen, Sprengen mit Weihwasser oder die Erteilung des „Blasiussegen“

gegen Influenza und das Gesundbeten propagieren. Auch das Anbringen der Christophorusmedaille im Auto als Schutz vor Verkehrsunfällen gehört dazu. Tatsächlich hat es diesen Heiligen nie gegeben. Bis heute üben katholische Priester den Exorzismus gegen angeblich krankmachende teuflische Geister aus. 1979 starb in der Diözese Würzburg ein magersüchtiges Mädchen an der durch den Ortspriester verordneten und vom Würzburger Bischof gebilligten „Teufelskur“ des Exorzismus. Im Jahr 2004 erlag eine junge Deutschrumänin einer ähnlichen „Dämonenaustreibung“ in einem orthodoxen Kloster auf dem Balkan.

Zum Bild dieses Mittelalters passt es, wenn der Schriftsteller Gordon in seinem Bestseller *Der Medicus* seinen jungen Helden, einen englischen Badergesellen, der ein großer Arzt werden will, aus dem erbärmlichen medizinischen Milieu Englands auswandern lässt. Er gelangt schließlich bis in das heutige Teheran, wo er eine von den Arabern aus der Antike tradierte Hochblüte der Medizin mit Anatomieatlanten, Leichensektionen und sogar Gehirnoperationen erlebt.

Tatsächlich gilt der in der Nähe Teherans geborene Arzt und Philosoph Al-Razi (865–925) als einer der größten Mediziner aller Zeiten. In über zweihundert Schriften untersuchte er unter anderem Infektionskrankheiten wie Pocken und Masern und verfasste eine medizinische Enzyklopädie, die, ins Lateinische übertragen, bis ins 16. Jahrhundert als eines der wichtigsten Standardwerke medizinischer Ausbildung fungierte. Im übrigen kritisierte der Aufklärer Al-Razi die religiösen Fundamentalisten: Sie würden die Massen verdummen und blutige Konflikte verursachen, „während die Schriften der alten Weisen, wie des Platon, des Aristoteles, des Euklid und des Hippokrates, der Menschheit einen viel größeren Dienst erwiesen haben" (Al-Razi).

Es darf jedoch nicht vergessen werden, dass die christliche Kirche mit ihrem religiösen Konstrukt der unsterblichen Seele – und bei allen Widersprüchlichkeiten – grundsätzlich die Aufwertung eines jeden Menschen betreibt und entgegen der barbarischen antiken Sklavenhaltergesellschaft ein dichtes Netz der Armen- und Krankenversorgung in Städten und Klöstern errichtet.

Gegenüber dem „dunklen" Mittelalter bringt das aufstrebende Bürgertum mit seiner immensen Finanzkraft, der Buchdruckerkunst und einem gewaltig anhebenden Prozess der technologischen Innovation das *Projekt Moderne* in Gang. An die Stelle des Glaubens tritt die Vernunft, an die Stelle des Gottesstaates der weltliche Staat. Das Bürgertum will die Weltbeherrschen, die Kontinente entdecken, die Energien der Natur entfesseln. Dafür braucht es Empirie und keine spitzfindigen scholastischen Dispute um die Frage, wieviele Engel auf der Spitze einer Nadel sitzen können.

Das mittelalterliche Universum bricht unter dem jahrhundertelangen Ansturm der naturwissenschaftlichen Geister von Galilei, über Harvey, den Entdecker des Blutkreislaufes, über die Aufklärer Bacon, Hobbes, Locke, Hume, Voltaire, Diderot bis Kant, Hegel, Darwin, Virchow und Einstein unrettbar zusammen, so sehr sich auch die Kräfte der Restauration dagegen wehren. Aus dem geschlossenen Universum des Mittelalters wird das heutige *Multiversum* konkurrierender Ideologien, pluralistischer Lebensentwürfe und gegensätzlicher wissenschaftlicher Hypothesen. Das Kriterium der Wahrheit ist nicht mehr Gott, sondern die gesellschaftliche Praxis.

Der Philosoph René Descartes (1596–1650) markiert diese epochale Zäsur gleich zweifach. Einmal wenn der Denker, Mathematiker und Naturwissenschaftler (er sezierte über tausend Tiere) den Existenznachweis der Welt mit dem Satz *cogito ergo sum, ich denke, also bin ich* begründet. Er zwingt damit die Wahrheit der Dinge vor den Richterstuhl der Vernunft. Zum anderen entdeckt Descartes ein Menschenbild, das die moderne Revolution der Medizin theoretisch untermauert. Er teilt den Menschen dichotom in zwei Sphären ein, die *res cogitans, die denkende Sache,* und die *res extensa, die ausgedehnte Sache.* Der Körper ist nach dieser (unhaltbaren) Hypothese eine „ausgedehnte Sache" und daher eine bloße Maschine.

Die Konsequenz dieser Maschinenanalogie ist von erschütternder Janusköpfigkeit und Zwiespältigkeit. Positiv bedeutet dieses mechanistische Verständnis des Menschen die Möglichkeit zu seiner nüchternen Erforschung, der

Handhabung von Dekonstruktion und Rekonstruktion. Wenn der Mensch wie eine Maschine betrachtet wird, dann kann er fast grenzenlos in seinen Einzelteilen ausgetauscht, erneuert und repariert werden, so wie man ein altes Auto in vielen Arbeitsstunden und mit handgearbeiteten Ersatzteilen wieder fahrtüchtig machen kann.

Dieser Paradigmenwechsel, die *technische* Sicht auf den Menschen also, ermöglicht den Siegeszug der modernen Medizin von der Entdeckung der Mikroskopie im 17. Jahrhundert über die Entdeckung der Narkose, der Antisepsis und der Bakteriologie des 19. Jahrhunderts bis zur Erfindung des Penicillins im 20. Jahrhundert und der Hightech-Medizin mit Kernspintomographen, mikroinvasiver Chirurgie, Organtransplantation und der Medizin des 21. Jahrhunderts. Rationalität, Operationalität und Messbarkeit sind unzweifelhaft Glanzseiten medizinischen Könnens. Nicht von ungefähr richtete sich Descartes Interesse auf eine Lebenszeitverlängerung des Menschen in Richtung mehrerer hundert Jahre. Eine auf „unfehlbaren Beweisen erbaute Medizin" sollte diesem Ziel dienen, „wie ein Uhrmacher den komplizierten und gefährdeten Mechanismus einer Uhr im Griff hat“ (Descartes).

Das ist die eine Seite dieses mechanischen Konzepts vom Menschen. Kein Zweifel besteht, dass die Medizin mit diesem *Projekt Moderne* mehr erreicht hat als die Menschheit in zweitausend Jahren zuvor. Im Rahmen dieses Maschinenkonzepts konzentrierte sich die Medizin mit atemberaubendem Tempo und geradezu leidenschaftlicher Konsequenz auf die physikalischen und chemischen Prozesse der Krankheiten und ihre materialistische Heilung. Die Medizin verbannte damit jedoch die geisteswissenschaftlichen, ganzheitlichen Bezüge aus ihrem Weltbild. Sie definierte ihre neue Weltmacht physiko-chemisch durch das alleinige Kriterium der apparativen Messbarkeit und mechanischen Kausalität. Darin liegen Glanz und Elend der modernen Medizin begründet.

Der *SPIEGEL* konstatierte in einem Leitartikel (45/1994) scharfsinnig: „Bis heute verfolgt die Medizin das erklärte ‚Vorhaben‘ des französischen Philosophen René Descartes, die ‚Maschine unseres Körpers‘ losgelöst vom Geist zu erforschen und zu verstehen. Der Rationalismus, die Denkweise der Aufklärung, erzwang nicht nur die radikale Beschränkung aller Kenntnisse auf reine Vernunft. Er verbannte die Seele gleichsam aus dem Leib und machte Spiritualität zum reinen Spuk." Das Magazin gab zu bedenken: „Über dieser mechanistischen Erklärung aller Lebensvorgänge, über der bedingungslosen Herrschaft des Kausalitätsprinzips hat die moderne Medizin den Menschen aus den Augen verloren. Über ihren Triumph der letzten hundert Jahre haben die Ärzte den Anteil der Psyche am Dasein, an Gesundheit, Krankheit und Tod vergessen." Schließlich: „Mit dem Aufstieg der wissenschaftlichen Medizin begann der Abstieg des Patienten. Weder die von Sigmund Freud ausgelöste psychologische Revolution noch die neueren Erkenntnisse der Psychosomatik, dass körperlich-somatische Krankheiten psychische Ursachen haben können, taten der zunehmenden Seelenlosigkeit der Reparaturmedizin Abbruch."

Die exakte Wissenschaft schwingt sich zur Herrin auf. Wir bemerken es schon gar nicht mehr, wie der Arzt und Psychoanalytiker Gerd Overbeck (in *Krankheit als Anpassung*, Frankfurt 1984) registriert, dass der Nobelpreis für Medizin Jahr für Jahr nicht Ärzten, sondern medizinischen Naturwissenschaftlern verliehen wird. Overbeck: „Nicht ärztlich-therapeutisches Tun, sondern nur die biochemische Grundlagenforschung scheint prämiierungswürdig... Die Medizin hat sich damit selber auf ihre Hilfswissenschaften reduziert und dabei alle Elemente ärztlichen Handelns, die bis dahin noch im Krankheitsverständnis und Krankenbehandlung gegenwärtig gewesen waren, in Vergessenheit geraten lassen. Psychische und soziale Faktoren wurden zu Randerscheinungen, Geographie, Individualität, Subjektivität erschienen wissenschaftstheoretisch für die Erklärung von Krankheit irrelevant."

Das mechanische Konzept der modernen Medizin führt nach Beobachtung des verstorbenen Ganzheitsarztes Thure von Uexküll (Lehrbuch *Psychosomatische Medizin*, 5. Auflage München 1996) in eine Sackgasse. Von den Mediziningenieuren würden zunehmend Krankheiten technisch als eine Art von „Kurzschlüssen, Rohrbrüchen, Transportproblemen" behandelt, wie man ein Auto, einen Fernseher oder einen Computer auf der Basis seines Schaltplanes repariert. Technische Eingriffe beseitigen den Klappenfehler des Herzens, das Geschwür im Magen oder den Enzymdefekt mit gezielten chirurgischen oder medikamentösen Eingriffen. Uexküll warnt: „Der gravierende Nachteil dieses Erklärungsmodells ist die Unmöglichkeit, psychische und/oder soziale Einwirkungen auf den Organismus eines Menschen zu erklären oder auch nur für möglich zu halten... Solange die Medizin nicht einsieht, dass eine neue Definition für ‚Seele' auch eine neue Definition für den ‚Körper' erzwingt, müssen alle Erfahrungen über psychische Vorgänge an der Grenze des als Maschine gedeuteten Körpers abprallen. So lange kann subjektives Erleben, seien es Reaktionen auf Schicksalsschläge, seien es Ängste oder Gefühle der Verlassenheit kranker Menschen nicht als ‚medizinisch relevante' Vorgänge verstanden werden."

Der physikalistische Körperbegriff trennt Leib und Seele. Es ist ein entscheidender Unterschied, ob ein Mediziner Adipositas, Herzinsuffizienz und Hypertonie diagnostiziert oder ein ganzheitlich orientierter Arzt beim gleichen Patienten von Depression, Eheproblemen und akuter Trennungsproblematik spricht. Apparatemedizin zieht Apparatediagnostik nach sich. Aber reicht es, die Körperfunktionen des Menschen labordiagnostisch als Kurven und Zahlen zu erfassen? Mit der Blutdruckmessung, der Analyse des kleinen und großen Blutbildes, des Urins und Stuhlgangs, sonographischen und Röntgenbildern bis hin zur „Knochendichtemessung" visualisiert sich nun einmal nicht der ganze Mensch. Darum kann die Krankheitsbewältigung auch nicht gänzlich an Experten delegiert werden. Der Philosoph Nietzsche warnte treffend: „Jeder Spezialist hat einen Buckel."

Der Patient ist mehr als ein Datenfeld. Wir dürfen lernen, Krankheit als einen Teil unserer Lebensgeschichte zu betrachten. In der klinischen Funktionalisierung des kranken Menschen werden Mündigkeit, Aktivität und Selbstkompetenz der Krankheitsbewältigung nicht nur ausgespart – sie sind nicht einmal erwünscht. Damit verweigert man dem Patienten die Möglichkeit, in der Krankheit sich selbst kennenzulernen und seinen memorativen, „sich erinnernden"

Leib wahrzunehmen. In der chronischen Medikation mit Antibiotika wird so beispielsweise die Selbstheilungskraft des Organismus ignoriert. Letztendlich wird durch eine solch vollständige Abkopplung der Krankheit eben dieser Mensch, um den es eigentlich gehen sollte, um einen möglichen „tertiären Krankheitsgewinn“, nämlich die Exploration (Erforschung) und das Verständnis seiner lebensbedingten Krankheitsursachen gebracht.

Karl Jaspers hat als Psychiater und Philosoph vor den Gefahren der einseitig naturwissenschaftlichen Medizin gewarnt. In seinem vor Ärzten gehaltenen Vortrag *Der Arzt im technischen Zeitalter* (1958) ging es ihm gleichermaßen um Ärzte und Patienten. Jaspers: „Ärzte werden zu Funktionen: als allgemeiner praktischer Arzt, als Facharzt, als Krankenarzt, als spezialistischer Techniker, als Laborarzt, als Röntgenarzt [...] Der Kranke sieht sich in einer Welt von Apparaturen, in denen er verarbeitet wird, ohne dass er den Sinn der über ihn verhängten Vorgänge versteht. Er sieht sich Ärzten gegenüber, deren keiner *sein* Arzt ist. Der Arzt selber scheint dann zum Techniker geworden.“

Karl Jaspers insistierte auf der sprechenden Medizin: „Dabei bleibt das Gespräch zwischen Arzt und Kranken das Wesentliche."

Was also ist Krankheit? Wir wissen bisher eher, was sie meistens *nicht* ist – eine bloße physikalische oder chemische Panne. Krankheit ist häufig angesiedelt an der Schnittstelle zwischen Biologie und Kultur, Organischem und Seelischem. Es geht nicht an, die Schilderung des Patienten als „subjektiv" und damit wenig vertrauenswürdig und die Meldung des Labors als „objektiv" und damit wahr zu klassifizieren. Krankheit ist keine rein biologische Angelegenheit, sondern sehr oft eine Metapher für die Last des Daseins des betroffenen Menschen. Sie ist immer auch ein mentales und emotional körperliches Ereignis von eminenter Tragweite. Erinnert sie uns doch an unsere Gebrechlichkeit, Endlichkeit und damit an unsere existenzielle Angewiesenheit auf andere Menschen. Goethe betont (in *Dichtung und Wahrheit*) den holistischen, also ganzheitlichen Aspekt ärztlichen Tuns: „Die Medizin beschäftigt den ganzen Menschen, weil sie sich mit dem ganzen Menschen beschäftigt."

Was wäre dann aber Gesundheit? Nach der Definition der Weltgesundheitsorganisation (WHO) ist die Gesundheit „ein Zustand des vollständigen körperlichen, geistigen und sozialen Wohlergehens und nicht nur das Fehlen von Krankheit oder Gebrechen“. Um diese Formulierung ist viel gestritten worden. Könnte es nicht sein, dass die Gesundheit im Gegenteil die Fähigkeit zu Leiden und Krankheit einschließt? Bedeutete für Goethe nicht Gesundheit die Chance, durch Krankheiten Lebenskorrekturen zu erfahren und gerade durch die Warnsignale der körperlichen Erschütterungen neuen Lebenskurs zu gewinnen? Ist Krankheit also, wenn sie in ihrem Sinnkern begriffen ist und zum Neuaufbruch wird, ein Meisterstück des Lebens?

Der legendäre Seelenarzt und Psychotherapeut Walther H. Lechler bekannte mir gegenüber in einem Interview: „Bei meiner Arbeit als Klinikleiter der psychosomatischen Klinik Herrenalb habe ich durchgängig bestätigt gefunden, dass hinter all den Krankheitserscheinungen der ‚Mangel‘ an Lebensbewältigung, also seelischer ‚Hunger‘ und ‚Durst‘ stehen. Bei den meisten

Störungen – wie zum Beispiel neurotische Depression, Herzneurose, Angstneurose, Zwänge, Migräne, Asthma, Magengeschwüre, Kotz-Fress-Mager-Sucht, Medikamentenabhängigkeit, Alkoholismus – handelt es sich in erster Linie nicht um ‚Krankheiten'. Gesund ist, sage ich immer, wer noch krank werden kann. Alle diese Zustände und ‚Präsentiersymptomatiken' sind in Wahrheit Ausdruck dafür, dass sich der Mensch in seiner Haut, in seinem Leben nicht mehr wohlfühlt."

Dr. Lechler betonte: „Ich glaube, gesund bedeutet nicht einfach den Gegensatz zu körperlich krank, zu körperlichem Defektsein – gesund bedeutet: Ich bin glücklich! ‚Gesund' ist ein gleichbedeutender Ausdruck für ‚glücklich', ein Synonym für ‚glücklich'. ‚Glücklich' bedeutet nicht, dass ich keine Sorgen mehr habe, keine Probleme, keine Konflikte, keine Spannungen, keine Auseinandersetzungen, dass ich keine Katastrophen mehr durchleben muss, dass alles nur eitel Freude wäre, sondern dass ich trotz Konflikten, trotz Problemen, trotz Katastrophen in der Lage bin, es mit dem Leben aufzunehmen."

Krankheit als Kränkung: Der Körper als Kampffeld

Was man im Leben nicht hat, das hat man im Symptom.

Psychosomatische Grundregel

Herzkranke Frauen erleiden öfter eine weitere Herzattacke, wenn sie in einer konfliktreichen Beziehung leben. Das fanden schwedische Wissenschaftler heraus. Wenn sich Ehepartner zanken, nehmen nicht nur der häusliche Frieden, sondern auch die körperlichen Heilungskräfte der Streitenden Schaden. Ehezwist schlägt aufs Blut. Das ist wörtlich zu nehmen. Die vermehrte Ausschüttung von Stresshormonen und die dadurch bedingte Schwächung der Abwehrkräfte scheint hier eine wichtige Rolle zu spielen. Wie die „Frankfurter

TM

Allgemeine Zeitung" in ihrem Wissenschaftsteil (6. 5. 2005) mitteilte, sind Mediziner der Universität in Columbus (Ohio) auf den Gedanken gekommen, den Einfluss von Ehestreitigkeiten auf die Wundheilung zu prüfen. Man weiß, dass immunologische Prozesse an der Reparatur von Gewebeschäden mitwirken. Die FAZ berichtet: „An den beiden Versuchstagen fügten die Forscher allen Teilnehmern zunächst eine kleine Hautblase am Unterarm zu, die sie mit einem speziellen Sauggerät erzeugten. Kurz vor der Verletzung und mehrmals danach entnahm eine Krankenschwester den Probanden kleinere Mengen an Blut. Anhand von Fragebögen und verschiedenen psychologischen Tests, bei denen die Ehepartner spezifische Themen besprechen mussten, ermittelte man außerdem, wie die Ehepartner miteinander umgingen und wie sie ihre Partnerschaft beurteilten."

Bei knapp einem Drittel der Paare trat ein ausgesprochen feindseliges Verhältnis zutage. In den von einer Videokamera aufgezeichneten Diskussionen behandelten sich diese mit verächtlichen Worten, abwertenden Gesten, Drohgebärden, Vorwürfen und kritischen Bemerkungen. Auch waren die betreffenden Ehegatten zumeist nicht in der Lage, ihrem Partner richtig zuzuhören. Fazit: „Es zeigte sich, dass die Verletzungen der streitbaren Lebensgefährten langsamer verheilten als jene der friedfertigen Eheleute. Bei diesen dauerte die Wundheilung durchschnittlich fünf Tage, bei den zerstrittenen Paaren hingegen eine Woche. Im Blut der zanksüchtigen Partner fanden sich bisweilen große Mengen bestimmter Entzündungsproteine, darunter Interleukin-6."

Aus der Untersuchung von Johannes Siegrist und Olaf von dem Knesebeck vom Institut für Medizinische Soziologie der Universität Düsseldorf (2005) wissen wir wiederum, dass Frauen und Männer, die ihre Partnerschaft als enttäuschend empfinden, vier Mal so häufig an Niedergeschlagenheit und Depressivität erkranken wie in glücklichen Beziehungen lebende Personen.

Schon in unserer Sprache liegen viele Hinweise auf die seelisch-leiblichen Zusammenhänge unserer Krankheiten und Missgestimmtheiten. Nehmen wir nur einmal das reiche Feld der Hautmetaphern: Aus der Haut fahren. Unter die Haut gehen. Reizen. Sich in der Haut nicht wohl fühlen. In der Haut eines anderen stecken. Gänsehaut. Auf die Pelle rücken. Rot vor Scham. Blass vor Schreck. Weiß vor Wut. Blau vor Kälte. Gelb vor Neid. Schwitzen vor Angst. Die Haut zu Markte tragen. Seine Haut teuer verkaufen. Geschunden werden. Das juckt mich nicht. Jemanden mit Samthandschuhen anfassen. Hautnah. Aufgekratzt sein. Dickes Fell. Dünnhäutig. Seine Haut retten. Mit heiler Haut davonkommen.

Wenn ein Mensch gestorben ist, dann sagen wir zum Beispiel: „Er ist an einem gebrochenen Herzen gestorben", oder „Sie hat sich eine Bürde aufgeladen, die ihr das Kreuz gebrochen hat". Manchmal ärgern wir uns krank, schlucken zu viel Kummer herunter, können etwas nicht verdauen, ein Übelstand liegt uns im Magen, wir zittern vor Angst, die Angst schnürt uns die Kehle zu, die Luft bleibt uns weg, wir sind atemlos, wir platzen vor Wut oder bekommen kalte Füße. Ob Appetitstörungen, Bluthochdruck, Durchfall, Gastritis, Kopf- und Kreuzschmerzen, Herzrhythmusstörungen, Schwindel, Schilddrüsenstörung, Tinnitus, Schlaflosigkeit, Magen-

Darm-Störungen, Übergewicht oder Verstopfung – hinter all diesen Beschwerdekomplexen können sich – müssen nicht – psychogene Ursachen oder sagen wir vorsichtiger Mitursachen verbergen.

Natürlich muss immer die gründliche medizinische Untersuchung an erster Stelle stehen. Nichts wäre laienhafter und unseriöser als die in der ratgeberischen Trivialliteratur häufig unternommene sofortige Psychologisierung jedes Krankheitsbildes und meist noch stereotyper Schemata für jedes einzelne Organ (Dahlke, Detlefsen). Die – meist zusätzliche – psychotherapeutische Ausleuchtung eines Krankheitsgeschehens oder einer chronifizierten Symptomatik verlangt sorgfältiges Zuhören, Einfühlung und die gemeinsame „detektivische" Arbeit von Patient und Therapeut. Nicht selten enthält sie eine spezifische Unschärfenrelation, das heißt zum Teil spekulative Elemente und einen unauslotbaren Rest. Diese aufdeckende Seelenarbeit verlangt Respekt vor dem Geheimnis und der Würde des Kranken. Sie darf dem Patienten nicht Schuldgefühle machen, sondern muss ihn liebevoll wahrnehmen.

Krankheit erweist sich, wie ich im Folgenden an Fällen aus meiner Praxis dokumentiere, häufig als *Kränkung*, deren schmerzhafte und befreiende Verarbeitung noch aussteht. Lebensverhältnisse, schlimme Beziehungen, Demütigungen, Misshandlungen, emotionale und soziale Kälte, Isolation und Vereinsamung, Rivalität, Trennung und viele weitere trübe Imponderabilien des Lebens können uns krank machen. Wie sagt das alte deutsche Sprichwort: „Es ist um die Kränke zu kriegen" – es ist zum Verzweifeln, zum Verrücktwerden. Gert Overbeck fordert in seinem Klassiker *Krankheit als Anpassung*: „Nur in einer menschlichen Atmosphäre, wo die Bedürfnisse der Patienten absolut erstrangig sind, Zuhören und Eingehen auf die Patienten möglich ist, kann ihnen auch geholfen werden, ihre Krankheit mit Hilfe des Arztes und des Pflegepersonals als eine Lebenskrise zu begreifen und vielleicht auch zu überwinden."

Genau das erlebte mein Klient Bernhard, den ich wie alle anderen Klienten in diesem Buch mit einem neuen Namen schütze. Bernhard kam nach einer Bypassoperation an seinen verstopften Herzkranzgefäßen und einer anschließenden Reha-Kur zu mir. Natürlich war der Herzbefund organisch. Als fehlernährter Übergewichtiger und Raucher hatte Bernhard jahrzehntelang Raubbau an seinem Körper getrieben und die Stenose, also die Verengung seiner Gefäße, durch diese Lebensführung selbst herbeigeführt. Konsequent wechselte er dann nach der Herzkatastrophe zu einer gesunden vollwertigen Ernährung. Er beendete seine Nikotinabhängigkeit. Bernhard nahm sich erstmalig täglich Zeit für ein Schwimmtraining, obwohl er bereits seit zwei Jahrzehnten in seiner luxuriösen Fabrikantenvilla über ein stattliches Schwimmbecken verfügte. So weit so schlecht und so gut. Aber was ist an Bernhards Fall psychosomatisch?

Der kluge Chefchirurg, der Bernhard operierte, hatte offensichtlich eine Ahnung davon. Denn er schickte ihn zur Rehabilitation in eine psychosomatische Klinik. Da saß unser ehrgeiziger Unternehmer nun und wusste eigentlich nicht, was er dort sollte. Denn Joggen und Schwimmen konnte er genauso gut zu Hause. War es nicht verschwendete Zeit? Immerhin riefen die Geschäfte in seiner millionenschweren Firma nach ihm!

Bernhard war der Typ des stahlharten Unternehmers, ehrgeizig, erfolgsgetrieben, dominant, hochkontrolliert, arbeitssüchtig, unruhig, ständig in Zeitnot, leistungsorientiert, oft aggressiv und jähzornig. Jetzt trödelte er, wie er meckerte, in einer „Latzhosengruppe“ herum, wie er die psychotherapeutisch geleitete Selbsterfahrungsgruppe nannte. Er sah sich von „lauter Weicheiern“ umgeben. Die Männer der Gruppe erzählten von ihrer Kindheit, brachen wiederholt in Tränen aus, umarmten sich und machten seelische Inventur. Bernhard: „Das Gebaren dieser herzkranken Mitpatienten kotzte mich an. Ich schwieg meist, gab nichts von mir preis und erwartete mit Ungeduld das Ende des Klinikaufenthaltes.“

Dann geschah es. Im Laufe der Wochen stieg ein urmächtiger Schmerz in Bernhard hoch. Ein Meer ungeweinter Tränen sammelte sich in seinen Augen. Der Therapeut ließ ihm Zeit. Er respektierte seinen Widerstand. Bernhard: „Schließlich kam die Sitzung, in der ich seelisch zusammenbrach. Der Therapeut, ein riesiges Urvieh von Mann mit einem langen Wallebart wie der Reservechristus von Oberammergau, stand plötzlich auf. Er ging auf mich zu, hob mich vom Stuhl und schloss mich minutenlang in seine Arme. Ich weinte wie ein kleiner Junge. Ich konnte gar nicht mehr aufhören."

Was war passiert? Bernhard begann in diesem Augenblick, die Not seines Lebens zu begreifen. Er war als Ältestes von sechs Kindern in armen Verhältnissen aufgewachsen. Sein Vater war Hilfsarbeiter, seine Mutter eine überarbeitete, kränkliche Frau. Das Familienklima war gefühlsmäßig karg, der Vater schlug die Söhne. Bernhard musste als Ältester schon früh Verantwortung für die jüngeren Geschwister übernehmen. Mehr als der Besuch der Hauptschule war nicht möglich; Bernhard absolvierte anschließend eine Mechanikerlehre. Ihm wurde im Leben nichts geschenkt. Selbst als er die Tochter eines mittleren Unternehmers heiratete, wurde er zwar als Angestellter in dessen Betrieb übernommen, aber ihm begegnete in der Figur des Schwiegervaters eisige Aversion. „Du hast nichts, du bist nichts, und was aus dir wird, hast du allein mir zu verdanken". Der große Boss demütigte ihn.

Hier erwarb sich nun Bernhard die für den Herzinfarktpatienten Typ A (nach Rosenman und Friedman) typische Persönlichkeitsstruktur des verpanzerten, ehrgeizigen „Ironman“. Der Eisenmann Bernhard ackerte bis zum Umfallen und war von Misstrauen gegen seine Umgebung vergiftet. Er antwortete auf die Kränkungen seines Milieus mit dem lebenslangen Kampf um Autarkie und Unabhängigkeit. Er trieb sich bis zum Äußersten an. Auch nachdem sein Schwiegervater gestorben war und Bernhard das Unternehmen mit superbem Erfolg ausbaute und an die Börse brachte, verinnerlichte er den Schwiegervater als Antreiber zum rigiden Über-Ich. Liebe hatte Bernhard nicht gekannt, so konnte er sie auch nicht geben, weder sich selbst noch seiner Frau. Er verhungerte seelisch. Bernhard: „Ich kam mir wie ein Hochseilartist vor. Auf dem Seil oben war es windig und kalt. Ich musste mich immer äußerst anspannen, um in meiner Einsamkeit da oben nicht abzustürzen.“ Bernhards Herzinfarkt war auf einer tieferen Ebene ein Seeleninfarkt.

Oder nehmen wir den Fall des sympathischen Italieners Stefano. Stefano wurde mir von einem

Internisten mit der Diagnose „Herzneurotiker“ geschickt. Stefano war Betriebsratsmitglied eines Weltunternehmens, sechsundfünfzig Jahre alt, seit vier Jahrzehnten in Deutschland arbeitend. Er litt unter Herzjagen und Extrasystolen, die er als lebensgefährlich empfand. Beklemmungsgefühle und Insomnie (chronische Schlaflosigkeit) quälten ihn. Wiederholt ließ er sich mitten aus dem Betrieb heraus mit einem Krankenwagen wegen seiner Herzrhythmien in die Klinik oder zu seinem Internisten bringen. Doch die kardiologischen Untersuchungen endeten jedes Mal mit dem gleichen Bescheid: „Es liegt kein Befund vor. Sie sind organisch gesund.“

Stefano litt unter dieser Situation. Er war ein fleißiger Mann und kein Simulant. Ich war ratlos, als Stefano vor mir saß. Zwei Dinge fielen mir allerdings an ihm auf: Er sprach – nach vierzig Jahren Aufenthalt hier zu Lande und verheiratet mit einer Deutschen – nur gebrochen Deutsch. Der schöne, groß gewachsene, dunkle Süditaliener hatte schwermütige Augen. Was sich in seinen Berichten während der Therapie herausstellte, war die Geschichte einer Kränkung. Stefano musste mit sechzehn Jahren sein geliebtes Dorf in Apulien verlassen, um Arbeit in Deutschland zu finden. Dort lebte er jahrelang mit anderen italienischen „Gastarbeitern" in einer Baracke und wurde von seiner deutschen Umgebung als „Spaghettifresser" verachtet. Deutsche Mädchen wollten sich mit ihm nicht einlassen. Seine Sexualität war armselig, seine Trauer ebenso unermesslich. Stefano erzählte mir immer wieder die Geschichte seines Dorfes und von der Liebe der Eltern und besonders des Großvaters, des „nono", und der Großmutter, der „nona". Stefano: „Mein Großvater hat mir die Natur erklärt und mir die Volkslieder beigebracht, meine Großmutter kochte mir meine Lieblingsgerichte."

Wie oft habe ich den weinenden Stefano, diesen mächtigen Brocken von Mann, wie ein Kind in meinen Armen gewiegt und ihn durch Trauer, aber auch Wut gehen lassen. Denn Stefano war durchaus wütend. Das drückte sich darin aus, dass er sich unbewusst weigerte, die deutsche Sprache richtig zu lernen. Er war und blieb ein Emigrant mit leidendem Herzen. Sein Herz wurde in dem Augenblick von seinen funktionellen Störungen befreit, als er in der Therapie und unter Einbezug seiner Frau den Entschluss fasste, mit einer guten Betriebsrente ausgestattet, vorzeitig nach Apulien zurückzukehren und in seiner so lange verlorenen Heimat wieder Wurzeln zu schlagen. Zwei Jahre später erreichte mich die Postkarte einer blühenden italienischen Orangenplantage mit dem einzigen Satz: „Caro Mathias, ich bin glücklich und gesund". Das Herz lügt nicht.

Es ist manchmal geradezu unheimlich, mit welcher Treffsicherheit sich die Seele in der körperlichen Symptomatik auszudrücken vermag. Sichtbar wurde mir das bei Manuela, einer Magersüchtigen. Wie herzlos sind doch medizinische Etiketten wie „Anorektikerin", „Herzneurotiker" oder „Rentenneurotiker"! Vergessen wir nicht, hinter jeder Symptomatik steht ein Mensch mit seiner ganzen Lebensgeschichte.

Manuela kam mit ihrer Mutter in meine Praxis. Es war, rein optisch, ein groteskes Paar. Das Mädchen, sechzehn Jahre alt, ausgemergelt und vom ersten Erscheinungsbild her nahezu geschlechtslos, kindlich und unentfaltet, mit sechsunddreißig Kilo Lebendgewicht gefährlich der

Todesgrenze, dem „point of no return“, sich nähernd. Trotz zwei Klinikaufenthalten, bei denen sie wie eine Straßburger Gans gemästet wurde, war ihr Zustand erbärmlich.

Die Mutter wiederum war ein Koloss von etwa einhundertdreißig Kilo bei geschätzt einhundertfünfundsechzig Zentimetern Körperlänge, adipös und nach Luft ringend. Sie musste auf meinem Sofa Platz nehmen, weil der Korbstuhl für sie zu eng war. Was mir als Familientherapeut auffiel, war, dass der Vater bei dieser wichtigen therapeutischen Erstsitzung fehlte. Er war denn auch genau der Stein des Anstoßes, wie ich von Manuela erfuhr, nachdem ich die Mutter gebeten hatte, uns erst einmal allein zu lassen. Manuela bekannte: „Ich hasse ihn. Er tyrannisiert meine Mutter und bestraft mich mit Nichtbeachtung. Seitdem ich mich erinnern kann, beschimpft er Mutter mit Ausdrücken wie ‚Du fette Sau. Lange Haare, kurzer Sinn. Schau doch mal deinen Arsch an! Du bist eine Schande. Du bist ja selbst zum Ficken zu dumm.‘“ Sie weinte: „Ich halte das alles nicht mehr aus.“

Die kleine Manuela begriff oder besser fühlte, dass Frau zu sein eine einzige Demütigung darstellt. Da ihre depressiv getönte Mutter ihr kein Bild mutigen weiblichen Widerstands vorlebte, sondern sich in die Esssucht flüchtete und aus dem Teufelskreis „Fressen – Fettwerden – Minderwertigkeitskomplex – Fressen" nicht herauskam, traf Manuela mit zwölf Jahren unbewusst den Entschluss, unter diesen Umständen nicht Frau zu werden. Das ist, wie die Psychoanalyse es nennt, ein autoplastischer Lösungsversuch, das heißt, er wird am eigenen Körper (*autos, selbst*) plastiziert. Natürlich ist das ein autoaggressives und neurotisches Unternehmen, das die störenden Ursachen im familiären System nicht beseitigt. Es muss jedoch in seiner Tapferkeit und Konsequenz gewürdigt werden. Denn Manuela setzte mit ihrer Verweigerung des Essens und ihrer Absage an ihre weibliche Entwicklung das erste Nein in diesem kranken Familiensystem. Sie startete damit zugleich einen Hilferuf, der Ärzte und Psychotherapeuten herbeieilen ließ. Ich würdigte also gegenüber Manuela ihren Partisanenkampf gegen die elterliche Übermacht. Dann fragte ich sie: „Wonach sehnst du dich?"

Manuela antwortete: „Ich will raus aus meiner Familie. Ich könnte bis zum Abitur bei meiner Freundin und ihren Eltern wohnen. Aber das erlaubt mein Vater nicht." Darauf bat ich Manuela heraus, holte die Mutter herein und eröffnete ihr den Ernst der Lage und den Vorschlag Manuelas als den sinnvollen Weg zur Heilung. Die Mutter zögerte, weil sie Angst vor dem verbal gewalttätigen Ehemann hatte. Ich machte sie darauf aufmerksam, dass sie es durchsetzen müsse, um nicht das Leben Manuelas zu riskieren. Manuela hatte bis zu diesem Zeitpunkt noch keine Periode und keine sekundären Geschlechtsmerkmale. Die Folgen waren absehbar. Jetzt stimmte die Mutter zu.

Ich sagte aber auch der Mutter ein Wort (im vertrauten „Du", das ich, im Sinne der Tradition der psychosomatischen Klinik von Bad Herrenalb, dem „Gast" in meiner Praxis anbiete): „Dir geht es selber dreckig. Du hast wie deine Tochter eine Ess- und Sinnstörung. Manuela macht sich durch ihre Magersucht unsichtbar und weigert sich, sich das Leben einzuverleiben. Du versteckst dich hinter deinem Körperpanzer. Geh deine Probleme an. Lerne in einer psychosomatischen Klinik, wieder zu leben und zu lieben. Überdenke deine Rolle und deine Ehe. Unternimm eine Inventur deines Lebens, fasse neue Entschlüsse über einen Neuanfang oder beende deine verhängnisvolle Ehe, in der du die Sklavin spielst."

Dann bat ich Manuela wieder herein. Die Mutter teilte ihr mit, dass sie zu ihrer Freundin dürfte. Ich gab Manuela die Adresse einer warmherzigen und temperamentvollen Therapeutin, um sie mit ihrer Hilfe und ihrem femininen Vorbild wieder guten Geschmack am Leben gewinnen zu lassen. Manuela lächelte zaghaft. Zwei Jahre später las ich am Morgen in meinem Terminkalender den Namen Manuelas. Ich war gespannt, was aus diesem verstörten geschlechtslosen Kind geworden war. Die Überraschung war komplett: Eine schlanke hübsche Frau mit weich fallendem braunen Haar – an Stelle ihrer früheren knapp geschorenen Stoppeln – kam durch die Tür. Mit einer farbigen Bluse und einem zarten Make-up war sie eine Augenweide blühender Weiblichkeit. Manuela kam nur, um sich mir noch einmal vorzustellen und mir zu danken. Die Kränkungen und damit die Krankheit waren aus ihrem Leben verschwunden.

Manuela meinte: „Die beiden Jahre haben mir gut getan. Ich liebe meine Freundin. Ihr Papa und ihre Mama sind wie Eltern zu mir und schätzen mich sehr. Ich will nicht mehr nach Hause zurück. In zwei Monaten mache ich Abitur, dann geht's ab ins Studium. Einen Freund habe ich auch.“ Auf meine Frage, ob die Mutter etwas für sich getan hätte, antwortete Manuela: „Nein. Sie ist so dick und so ein Trauerkloß wie zuvor. Sie lässt sich nicht helfen.“ Doch genau darauf käme es an – wir müssen, gerade bei psychosomatischen Krankheitssymptomen, lernen, zu kapitulieren und Hilfe zu holen. Wem nicht zu raten ist, dem ist nicht zu helfen.

Eine alte psychosomatische Grundregel lautet: „Was man im Leben nicht hat, das hat man im Symptom“. Oft ist chronisches Kopfweh Ausdruck einer nicht gelebten, invertierten, das heißt nach innen gerichteten Aggression aus Kränkung. Norbert war so ein Symptomträger. Seine wechselnden Ärzte – Norbert besaß zugleich eine Tendenz zur Hypochondrie und zum

„Koryphäenkiller“ – hatten ihm zwar Aspirin verordnet, aber *o. B.*, ohne Befund, attestiert. Tatsächlich war er geradezu besessen von einer dreifachen Wut. Da war sein Chef, der ihn ausbeutete, seine Frau, die ihn mit ihrer Zwanghaftigkeit drangsalierte, und seine pubertierenden Töchter, die ihn als „Spießer“ ablehnten. Das alles wäre Grund für konstruktive Aggression und Widerstand gewesen. Aber Norbert war, wie die Anamnese ergab, das Kind eines ebenso gottesfürchtigen wie strengen, jede Aggression im Keim erstickenden Pastors und einer duldsam dienenden Mutter gewesen. Wenn er einmal seine Wut herausließ, war er mit tagelangem Stillschweigen bestraft und gebrochen worden. Seine Erfahrung war also: „Wut darfst du niemals zeigen.“

Das Symptom Kopfschmerz drückte Norberts verdrängte Wut aus. Erst als er in der Einzel- und Gruppentherapie in unserem Gesundheitszentrum lernte, seine Gefühle der Wut und notwendigen Selbstabgrenzung zu artikulieren (... und nebenbei noch auf den Kreislauf manipulierenden täglichen Bohnenkaffee zu verzichten!), „brauchte“ er das Symptom nicht mehr. Das Symptom wurde quasi „sinn-los“ und verschwand.

Kranke Haut – arme Haut. Über die viele Jahrzehnte vernachlässigte Psychosomatik der Hautkrankheiten ist in den letzten Jahren eine Bibliothek vollgeschrieben worden. „Es gibt drei Arten von Liebe“, sagt das französische Sprichwort, „die Liebe auf der Haut, die Liebe in der Haut und die Liebe, die unter die Haut geht“.

Tatsächlich ist die Haut mehr als nur eine menschliche Hülle, sie ist das Kontaktorgan schlechthin und in ihrer Stimulation die lebensnotwendige Voraussetzung für unsere psychische Entwicklung. A. Montagu hat dies in seinem Jahrhundertwerk *Körperkontakt* (Stuttgart, 1980) dargestellt. Der niederländische Philosoph Ton Lemaire betont in seiner phänomenologischen Studie *Die Zärtlichkeit* (1975): „Ich begegne anderen lebenden Wesen. Ich berühre ihre Haut, die warm und zart ist und die meine Berührung flieht oder sie gerade sucht; und unter oder hinter der Haut vermutet meine tastende Hand das pulsierende Leben. Indem ich berühre, werde ich selbst immer mitberührt... Das Baby lebt in einem ‚taktilen Universum‘: Es wird gestreichelt, gehalten und emporgehoben von den Händen seiner Mutter; es sucht ihre Brüste, die es nähren, und es verspürt die Zartheit ihres Gesichts, das sich gegen es drückt und es liebkost“. Und: „In der Erfahrung der strafenden Harthändigkeit und der freundlichen Sanftheit des anderen ist die eigene Haut dem Kind gegenüber das Getroffene und Gehegte beziehungsweise das Verletzbare und Hegbare.“

Was aber ist, wenn so eine arme Haut von Kindheit an nicht gestreichelt und geliebt wurde? Dann reagiert vielleicht eben diese Haut als *locus minoris resistentiae*, als *Ort des geringsten Widerstandes*. So war es bei meiner Patientin Nadine. Sie war vierunddreißig Jahre alt, verheiratet und hatte ein Kleinkind. Sie war eine Neurodermitikerin mit einer verhärteten Reptilienhaut. Mein ärztlicher Hauskollege, Dr. Jürgen Birmanns, der Nachfolger des legendären Gesundheitspioniers Dr. Max Otto Bruker, behandelte sie, wie zu erwarten, erfolgreich, indem er ihr eine konsequente Ernährungsumstellung ans Herz legte. Das bedeutet vor allem den Verzicht auf das für Hautkranke so nachteilige tierische Eiweiß, also Fleisch, Wurst, Fisch, Käse, Quark, Joghurt, Milch und Eier. (Max-Otto Bruker hat die grundsätzliche Heilbarkeit des „Atopischen Ekzems" in seinem Buch *Allergien müssen nicht sein! Ursachen und Behandlung von Neurodermitis, Hautausschlägen, Ekzemen, Heuschnupfen und Asthma,* Lahnstein, 10. Auflage 2005, praxisnah und wissenschaftlich beschrieben).

Weil Nadine trotzdem noch zu kleineren neurodermitischen Schüben neigte und spannungsbedingte Ursachen wahrscheinlich waren, schickte Dr. Birmanns sie ein Stockwerk höher zu mir in die Praxis. Als Erstes fiel mir der merkwürdige Händedruck auf, mit dem Nadine mich begrüßte: Sie ergriff meine rechte Hand, um sie im gleichen Moment in Richtung meiner Brust zurückzudrücken. Der Wunsch nach Nähe und deren gleichzeitige Abwehr spiegelt sich in der Zwiespältigkeit des Beziehungsangebotes des Neurodermitikers und, wie in diesem Fall, in seinem ambivalenten Händedruck. Zu allem Elend wird der Hautkranke in der Regel vom untersuchenden Dermatologen gerade wegen seiner abstoßenden Haut nicht angefasst. Mit dieser abweisenden Blickdiagnose wird sein inneres Exil noch zementiert.

Nadine irritierte mich als Therapeuten in Übertragung wie Gegenübertragung immer wieder aufs Neue. Sie wies mich in ihrer kühlen, gefühlsabweisenden Schizoidität einerseits ab, andererseits war sie begierig, die Frequenz ihrer Sprechstunden bei mir zu erhöhen und suchte immer wieder meine Nähe. Einmal umarmte sie mich spontan am Ende einer Sitzung, um sich dann für ihre „Aufdringlichkeit" zu entschuldigen und hastig zu entschwinden.

Körperlich war Nadine schlank, sehnig und zäh wie ein großer Junge. Ihr Sprachstil war affektarm und sachlich. Ihre Gestik schien knapp bemessen, ihre Augen misstrauisch und kontrollierend. Sie habe keine Freundin und Freunde, sagte sie einmal, wohl aber „Gleichgesinnte". Ihren Mann bezeichnete Nadine sachlich als „guten Kumpel", den Sohn als den „Stammhalter".

Ihre Hautkrankheit hatte bei Nadine mit der Pubertät, als sie dreizehn war, eingesetzt. Sie hatte ihre Mutter verloren. Diese starb an einem Gebärmutterkrebs. Nadine: „Meine Mutter war ja eher eine herbe Geschäftsfrau gewesen und hat uns drei Kinder emotional nicht gerade verwöhnt. Doch als sie starb, brach für mich der letzte Rest von Zuflucht zusammen, denn mein Vater war fast rund um die Uhr in seiner Firma. Als er dann auch noch eine junge, auf uns eifersüchtige Stiefmutter ins Haus brachte, zog sich in mir alles zusammen. Ich ging in eine Art inneres Exil und grenzte mich aus der Familie aus. Ich fühlte mich in meiner Haut im doppelten Sinn nicht mehr wohl, medizinisch und seelisch. Andererseits brachte mir mein chronisches Ekzem eine gewisse Form von Zuwendung durch meine Hautärztin und mehrfache Aufenthalte in dermatologischen Kliniken an der Nordsee."

Wir sehen, bei Nadine liegt eine *aktive Organresonanz* vor. Ihre Haut schwingt mit, sie ist ein unübersehbares, hochsensibles Warnsignal. Die Haut ist, um es kommunikationstheoretisch zu formulieren, zugleich auch der *locus majoris irritabilitatis*, der *Ort der größeren Reiz- und Ansprechbarkeit*. Die Sprache der Haut will allerdings vernommen oder verstanden werden. Bei Nadine stellte die Hautkrankheit, neben ihren organischen Ursachen, auch eine verborgene Sehnsucht nach einem neuen Leben, nach Kontakten und gelingender Liebe dar. Gleichzeitig war Nadine hin- und hergerissen zwischen ihrer Sehnsucht nach Nähe und ihrer gleichzeitigen, selbstschützenden Abwehr: „Komm mir nur nicht zu nahe!".

Nicht von ungefähr hebt der Theologe Eugen Drewermann in seiner zweibändigen Deutung *Das Markus Evangelium. Bilder von Erlösung* (Olten 1987) auf das Berührungswunder des Aussätzigen ab. Jesus mache keinen Hokuspokus, sondern er schenke dem Hautkranken die menschliche Nähe, die allein die Angst überwindet: „Wirklich heilend ist nur das Anrühren, die sanfte, neu anhebende, vorsichtige Form erster Kontaktaufnahme... Das Licht, der Wind, die Sonne berühren eine heile Haut. Neue und angenehme Eindrücke, Wahrnehmungen und Empfindungen lösen fortan die Schmerzen ab. Die Wirklichkeit, die Menschen – jetzt ist es wieder möglich, und jetzt ist es eine Freude, mit ihnen zu verkehren."

Das psychische Bauchweh eines Kindes – wer kennt es nicht? Ich erinnere mich an den Fall einer Mutter, die für mehrere Wochen zur Kur musste. Das Kind fühlte sich verlassen und verraten; es reagierte mit pünktlich einsetzendem heftigen Bauchweh, sobald auch nur die kürzeste Trennung anstand. Was ein Kind mit der Sprache noch nicht sagen kann, drückt es mit dem Symptom aus. Dieses ist zugleich Sprache, Protest und Hilferuf. Dr. M. O. Bruker sagte in diesem Zusammenhang: „Bei Kindern sitzt die Seele im Bauch."

Ähnlich gelagert ist der Fall des plötzlich wieder auftretende Bettnässens. Als meine Eltern, tüchtige praktische Ärzte, sich kurz nach dem Krieg scheiden ließen, begann ich, der Jüngste von uns fünf Kindern, in der streitbaren Trennungsphase der beiden ins Bett zu machen. Damals setzte es Prügel. Ich schämte mich sehr, stand ich doch kurz vor der Einschulung. Viel später begriff ich: Ich war das schwächste Glied im bedrohten familiären System. Ich drückte wohl auch stellvertretend für meine Geschwister unser kindliches Leid aus. Wenn ich einnässte, weinte ich, wie die Psychosomatik sagt, unter mich.

Unbeschreiblich ist das Leid hospitalisierter Kinder. Als sich nach der Hinrichtung des Diktators Nicolai Ceausescu die Tore der rumänischen Waisenheime öffneten, bot sich den Besuchern ein schreckliches Bild. Die Kinder lagen, zum Teil fixiert, eingenässt und verkotet, in Gitterbettchen, unterernährt und ungeliebt. Einige von ihnen waren zu sprachunfähigen Idioten degeneriert. Der Begriff ist nicht abwertend gemeint, er stammt aus dem griechischen *idios*, *eigen, eigentümlich;* bedeutet das völlige Gefangensein in sich selbst, das heißt die Kommunikationsunfähigkeit mit der Welt. Ceausescu rekrutierte übrigens die berüchtigten Folterknechte der Securitate-Truppen bevorzugt aus ehemaligen Waisenkindern. Gerade sie, die durch den frühen Liebesentzug gefühllos gemacht worden waren, eigneten sich als Geheimdienstler besonders zum Foltern und Töten. Wer sich selbst nicht liebt, wird andere hassen. Hass ist enttäuschte Liebe.

Psychosomatische Krankheiten bedrohen naturgemäß besonders die Schwächsten, die Kinder und die Alten. Die zweithöchste Suizidrate (nach den Jugendlichen) liegt in der

Bundesrepublik bei den über Achtzigjährigen. Sie töten sich oder sie sterben durch Bagatellkrankheiten hinweg aus Hoffnungslosigkeit. Das gleiche Phänomen kennen wir, worauf Overbeck hinweist, aus den Konzentrationslagern der Nazis. Wer die Hoffnung aufgegeben hatte und nicht durch die Zugehörigkeit zu einer Weltanschauungsgruppe innerlich gehalten wurde, seien es Sozialdemokraten, Kommunisten, Gewerkschaften, kirchlicher Widerstand oder Zeugen Jehovas, starb zuerst. Als umgekehrt nach der Befreiung 1945 etwa im Stadtstaat Hamburg rund ein Drittel der Beamten wegen ihrer Mitgliedschaft in NS-Organisationen entlassen wurden, stieg die Sterblichkeit unter dieser sogar noch relativ jungen Alterskohorte sprunghaft an (Quelle Overbeck). Die Kränkung war auch hier – ohne das eine mit dem anderen vergleichen zu wollen – vielfach tödlich.

Soziale Kränkung in unserem „normalen" Alltag, wie etwa Unzufriedenheit am Arbeitsplatz, verdoppelt nach Studien von Verhaltensmedizinern das Risiko für Herz- und Kreislaufkrankheiten sowie für depressive Leiden. „Wir konnten nachweisen, dass bei Menschen, die sich beruflich abstrampeln und keine Belohnung erfahren, Stresshormone und Blutdruck signifikant erhöht sind", sagte der bereits erwähnte Medizinsoziologe Johannes Siegrist auf dem Internationalen Kongress für Verhaltensmedizin in Mainz (FAZ, 27/8/2004). Je nach Branche seien zwischen zehn und dreißig Prozent der Beschäftigten von einer solchen „Belohnungskrise" betroffen. Männer litten deutlich stärker unter Berufsstress als Frauen. Zu den Faktoren, die bei Arbeitnehmern psychosomatische Reaktionen auslösen, zählen unter anderem fehlende Wertschätzung durch Vorgesetzte, mangelnde Aufstiegschancen und fehlende Arbeitsplatzsicherheit. Siegrist: „Nach unseren Studien mit europaweit Tausenden von Probanden verdoppelt sich das Risiko innerhalb von fünf bis zehn Jahren, an stressbedingten Leiden zu erkranken oder früher zu sterben."

Das Feld der Kränkungskrankheiten ist unermesslich. Ich kann sie nur andeuten: Der Witwen- und Witwertod ist eine bekannte Erscheinung. Auch hier sind vor allem wieder die Männer betroffen. Aus den Sterbestatistiken wissen wir, dass gerade Männer, besonders wenn sie kontaktarm und hilflos auf die Frau bezogen waren, den Tod ihrer Partnerin als „Verrat“ empfinden und mit Fassungslosigkeit, verborgener Wut und noch stärkerem sozialen Rückzug beantworten. Sie sterben im ersten Jahr nach dem Tod der Frau signifikant häufiger als ihre noch verheirateten Geschlechtsgenossen.

Von den Sterbetafeln wissen wir, dass verheiratete Frauen und Männer eine höhere Lebenserwartung als langjährige Singles haben. Im individuellen Fall kommt es natürlich auf das *coping*, die Bewältigungsstrategie des Einzelnen, an. Ich kann verlorene eheliche und familiäre Bindungen durch freundschaftliche Beziehungen substituieren, Engagement in Gruppen und sozialer Arbeit finden und mein Alleinsein durch Arbeit, geistige Sinnstiftung und Spiritualität aufheben. Der langjährige Witwer Goethe meinte 1830: „Ei, bin ich denn darum achtzig Jahre alt geworden, dass ich immer dasselbe denken soll? Ich strebe vielmehr täglich etwas anderes, Neues zu denken, um nicht langweilig zu werden. Man muss sich immerfort verändern, erneuen, verjüngen, um nicht zu verstocken.“

Mich überrascht immer wieder, wie viele sexuelle Störungen psychogen bestimmt sind. Am Anfang dachte ich, wenn ich mit sexuellen Problemen meiner Klienten konfrontiert war, ich sei als Psychotherapeut ein unbefugter Wilderer im Bereich der Gynäkologen, Urologen oder Sexualtherapeuten. Das war falsch gedacht. In vielen meiner Bücher habe ich inzwischen die Hintergründe sexueller Besonderheiten anhand von Fallbeispielen dargestellt (*Das sprachlose Paar, Liebesarbeit, Reine Männersache, Außen-Beziehung, BindungsAngst, ÜberGewicht usw.*). Ein Fall mag an dieser Stelle als Exempel genügen.

Michael und Claudia kamen zu mir, weil er, sechsunddreißig Jahre alt, unter einer *erektilen Dysfunktion* litt. Sie war temporär und intermittierend, also vorübergehend und nicht ständig. Michael und Claudia waren beunruhigt, weil der Urologe keine Ursache der Funktionsstörung finden konnte. Michael war schlank, sportlich, gut ernährt. Er rauchte nicht und trank wenig. Claudia war schön, klug und tüchtig. Ihr Glück, so schien es, wurde durch die Geburt der inzwischen einjährigen Tochter gekrönt. Was war los? Im Verlauf der Paar- und vor allem der Einzelsitzungen mit Michael stießen er und ich auf seinen verborgenen ödipalen Mutter-Komplex. Michael liebte in erster Linie seine Mutter. Er hatte sich nie von ihr abgelöst.

Michael berichtete: „Die Beziehung meiner Eltern war eine Vernunftehe. Meine lebensuntüchtige, aus kleinen Verhältnissen stammende Mutter hatte sich meinen vermögenden und beruflich erfolgreichen Vater geangelt, um endlich finanziell gesichert zu sein. Sie selbst hatte keine Ausbildung. Ich glaube sogar, sie hat sich von ihm vorehelich schwängern lassen, um ihn zu kriegen. Ich bin die einzige Frucht dieser Verbindung. Weil meine Mutter von meinem Vater wenig Liebe und schon gar keine Zärtlichkeit bekam, klammerte sie sich mit wahrer Affenliebe an mich. Ich bekam alles. Ich durfte alles tun. Mir wurde jeder Wunsch von den Augen abgelesen. Sie zog mich in eine Koalition gegen meinen Vater. Das spürte der natürlich. Er lehnte mich verweichlichtes Mamakind zunehmend ab. Ich schlug mich ganz auf die Seite meiner leidenden Mutter. Als Kind sagte ich ihr immer – noch als Zwölfjähriger, wenn ich groß wäre, würde ich sie heiraten. Eigentlich hielt ich mich für einen besseren Partner für sie als meinen Vater."

Michael kann sich bis zum zweiunddreißigsten Lebensjahr zu keiner festen Bindung mit einer Frau entschließen. Obwohl kein Don-Juan-Typ, unterhält er nur lockere, unverbindliche Beziehungen. Bis zu seiner Heirat wohnte er im Elternhaus, im Zimmer neben dem Schlafzimmer seiner Mutter. Die Eltern hatten getrennte Schlafzimmer. Die Mutter seift den erwachsenen Sohn noch in der Badewanne ein, bügelt seine Unterhosen im Zwickel, kauft ihm seine Kleidung. Es ist eine klebrige Beziehung mit subsexuellen Untertönen. Dann heiratet Michael seine Arbeitskollegin Claudia: Weil er muss. Er hat sie, Wiederholung des Familienschicksals, geschwängert.

Als das Kind da ist und gleichsam als Fleisch gewordenes Indiz für den erotischen „Verrat" an seiner Mutter figuriert, wird sein verdrängter „Marien-Komplex" (Freud), die Überbindung an die leidende Mutter, aktiviert. Er entwickelt seine sexuelle Abstinenz in Form der Erektionsunfähigkeit seines Gliedes. Man nennt dies in der psychoanalytischen Fachsprache eine *Konversion* – das Umwenden einer seelischen Notsituation in das körperliche Phänomen. Michael bekannte nämlich etwas ganz „Verrücktes". Er meinte einmal unter vier Augen „unüberlegt" und wohl aus den Tiefen seines Unbewussten heraus zu mir: „Ich mag es gar nicht sagen, weil es so idiotisch ist. Aber wenn ich mit Claudia *nicht* schlafe, fühle ich mich meiner Mutter gegenüber wieder wie ihr unschuldiger, reiner Junge."

Wie unser „reiner" Erzengel Michael zum Schwert der Selbstabgrenzung griff, seine fusionierende Mutter symbolisch meuchelte und seiner Frau mit phallischem Stolz männlich gegenübertrat, das war eine aufregende und drastische Geschichte für sich.

„Der ganze Lebenslauf eines Menschen ist Verwandlung", sagt Herder (1744–1803) in seinen *Ideen zur Philosophie der Geschichte der Menschheit*. Wer dieses Entwicklungsgesetz der Lebensdialektik nicht beachtet, der kann leicht in der psychischen Verkrüppelung des *Rentenneurotikers* enden. Er hat Dutzende Wehwehchen und macht seine Bandscheiben, das Rheuma, den Hüftgelenkschaden, die Herzkrankheit oder die Prostataerkrankung zum Lebensinhalt. (Es können bei einer Frau natürlich auch chronische Unterleibsprobleme und Überlastungssyndrome sein!) Der Rentenneurotiker arbeitet mit der *Agravation*, also der Verstärkung, oder der *Simulation*, der Vortäuschung der Symptome. Er rennt von Arzt zu Arzt, von einem Sozialgerichtstermin zum anderen. Er holt sich auf diese Weise verdeckte Zuwendung – durch die Dauerinszenierung seiner Krankheit.

So ging es auch Oswald. Außer seinen Arztbesuchen wegen „Herzrasen" saß der neunundfünfzigjährige Rentner nur noch Kreuzworträtsel lösend und jammernd in der Wohnküche und machte seiner Frau das Leben schwer. Seine Frühentlassung hatte ihn tief gekränkt. Er sah keine Chance zum Neuanfang. Oswald „flüchtete" unbewusst in die Krankheit. Er hatte außer dem Beruf keine Werte und kein Engagement gekannt. Die Therapie mit ihm war schön. Wir arbeiteten seine Kränkung durch. Er ließ Trauer und Wut zu – und suchte und fand als studierter Ingenieur ein neues, belebendes Betätigungsfeld in Form eines Entwicklungs- und Bewässerungsobjektes in einem afrikanischen Dürreland.

Sein Herz beruhigte sich. Der gebildete Oswald schickte mir später ein Goethe-Gedicht. Ich kann es jedem „Rentenneurotiker" nur ans Herz legen. Es lautet:

Soll dich das Alter nicht verneinen,
So musst du es gut mit andern meinen,
Musst viele fördern, manchem nützen,
Das wird Dich vor Vernichtung beschützen.

Joschka Fischer oder Ein Körper, der stört, ist zuvor gestört worden

Wohl kommt das Leiden oft von außen, doch erst, wenn das Leiden vom Inneren angenommen ist, beginnt die Unterweisung. Es können viele Leiden auf einen Menschen einstürmen, und es kann einem Menschen auch gelingen, dagegen anzustürmen oder sich, wie es heißt, gesund zu halten, also, es kann ihm gelingen, sich selbst daran zu hindern, mit der Unterweisung des Lebens zu beginnen.

Sören Kierkegaard (1813–1855)
Erbauliche Reden in verschiedenem Geist

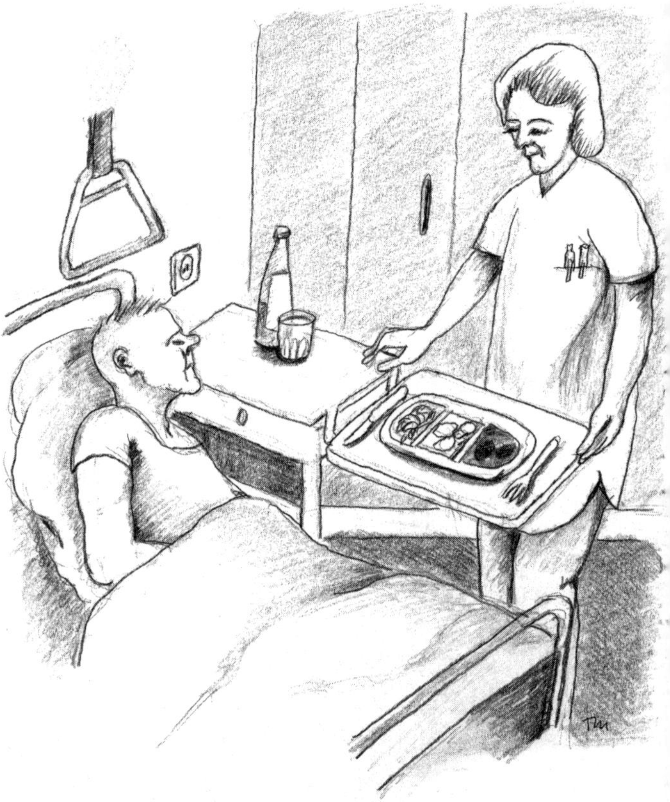

Die Gesundheit ist wie das Salz: Man bemerkt es nur, wenn es fehlt. Wie wir sahen, ist der Körper ein Schlachtfeld seelischer Konversionen und Projektionen. Also ist eine übliche, nur auf einzelne Aspekte ausgerichtete symptomatische Linderungsbehandlung unzulänglich. Zu einer ursächlichen Heilbehandlung von Krankheiten gehören klare Begriffe und ein sauberes therapeutisches Herangehen auf der somatischen und gegebenenfalls auf der seelischen Ebene.

Dr. Max Otto Bruker hat für den psychosomatischen Formenkreis den Begriff *Lebensbedingte Krankheiten* eingeführt. Bekanntlich teilte der große Arzt Krankheiten in drei zentrale Komplexe ein: *ernährungsbedingte Zivilisationskrankheiten,* die etwa zwei Drittel aller Erkrankungen umfassen; *lebensbedingte Krankheiten;* schließlich die *umweltbedingten Krankheiten,* deren Ursachen in der „toxischen Gesamtsituation" unserer Umwelt zu finden sind.

In seinem gleichnamigen Grundsatzwerk *Lebensbedingte Krankheiten* (16. Auflage, Lahnstein 2006), worauf ich mich in diesem Kapitel stütze, rät Bruker aus gutem Grund, den Ausdruck „seelisch bedingte“ Krankheiten zu vermeiden. Denn, so argumentiert er, nicht die Seele ist der Verursacher einer Krankheit, sondern ein Außenfaktor – die schlechte Ehe, die Demütigung im Betrieb, die Liebesunfähigkeit der Eltern. Bruker: „Die Ursache der Krankheit liegt immer außerhalb des Menschen, die Folge sind die erkrankten Organe; und diese sind dann ihrerseits Ursache der Beschwerden. Man beachte streng den Unterschied, dass man die Krankheit des Organs als Ursache der Beschwerden, aber nicht als Ursache der Krankheit bezeichnen kann.“

Bruker betont: „Eine richtige Formulierung ist deshalb so wichtig, weil in der falschen Ausdrucksweise, die Krankheit habe *organische* Ursachen, die Gefahr verborgen liegt, dass der Kranke annimmt, nun sei die Ursache der Krankheit gefunden, während er in Wirklichkeit nur erfahren hat, von welchem Organ seine Beschwerden herrühren. Dadurch entsteht der Nachteil, dass dem Kranken die Ursachen der Krankheit verborgen bleiben, was dazu führt, dass die Behandlung nur mit symptomatischen

Linderungsmitteln erfolgt und die Ursachen nicht beseitigt werden."

Bruker weist in diesem Zusammenhang auf einen merkwürdigen Verdrängungskomplex hin. Patienten mit ernährungsbedingten Zivilisationskrankheiten, also zum Beispiel Rheumatiker oder Zuckerkranke, wehren sich besonders hartnäckig gegen eine Änderung der Ernährung; sie neigen dazu, sich psychotherapeutisch beraten zu lassen. Umgekehrt sträuben sich Kranke mit lebensbedingten Krankheiten, also etwa Asthmatiker oder Angina-pectoris-Patienten, gegen eine Lebensberatung; sie suchen ihr Heil oft in einer strengen Diätform. Bruker schlussfolgert: „Die unbewusste Verhaltensweise ermöglicht es jeder Gruppe, sich gerade um den springenden Punkt in ihrem Leben herumzudrücken."

Strikt wendet sich Bruker gegen das Gerede von den „schlechten Nerven" und dem „Nervenzusammenbruch". Nerven können nicht zusammenbrechen. Der Mensch kann „nervös" sein, nicht ein Organ. Bruker erinnert an die Einteilung des Menschen nach der Beschaffenheit seines vegetativen Systems. Bei manchen dominiert ein Leben lang der Sympathikus den Vagus, beim anderen der Vagus den Sympathikus. Demzufolge sprechen wir von Sympathikotonikern und Vagotonikern. Das ist keine akademische Unterscheidung, sondern ein wichtiger physiologischer Sachverhalt mit weitgreifenden Folgen. Im Ruhezustand hat etwa der Vagotoniker normalerweise einen niedrigeren Blutdruck als ein Sympathikotoniker. Kennen wir diesen Typenunterschied nicht, so halten wir als Vagotoniker unseren Blutdruck schnell für zu niedrig und als Sympathikotoniker für zu hoch.

Normalerweise läuft unser Atmungsvorgang vegetativ ab, also dem Zugriff des Willens entzogen. Wir können das Atmen willkürlich nur kurz anhalten. Bruker: „Von dieser Sicht aus erscheint das krankhafte Bewusstwerden jedes Atemzuges, wie es beim Bronchialasthma der Fall ist, in einem anderen Licht. So lässt manches Asthma beim Introvertierten die engen Beziehungen zu bestimmten Konfliktsituationen im Leben verständlicher erscheinen. Zugleich wird deutlich, dass die Unfähigkeit des Asthmatikers, den Vorgang des Atmens – eines Urphänomens des Lebens – unbewusst und unwillkürlich ablaufen zu lassen, darauf hinweist, dass beim Asthma tiefste Urgründe im Seelischen gestört sind. In gewissem Maße fühlt jeder Asthmatiker, dass die Krankheit nicht nur ein oberflächlicher Bronchialkrampf ist, sondern dass sie etwas mit dem Tiefsten seines Wesens zu tun hat. Dementsprechend ist auch in diesen Fällen nur eine tiefreichende psychotherapeutische Behandlung erfolgversprechend."

Als ich selbst vor Jahren ein beginnendes Asthma und damit die mir völlig fremde, entsetzlich anmutende Atemnot bei einem Bergausflug mit Dr. Bruker erlitt und nach Luft japste, bat ich ihn um Hilfe. Der rüstige Achtzigjährige, der wie eine Gemse den steilen Weg im Allgäuer Gebirge hochhüpfte, sollte mir schleunigst ein Medikament verordnen, dachte ich. Aber der erfahrene Arzt schaute mich, als wir endlich im Berghotel angekommen waren, nur gründlich an und stellte mir freundlich eine einzige Frage: „Wo nimmst du dir die Luft?" Ich war perplex. Ja, ich war wütend über die vermeintlich unterlassene ärztliche Hilfeleistung. Dann ging mir ein Licht auf. Ich hatte mich beruflich total verausgabt. Das sagt sich so leicht, in Wahrheit war es eine schmerzliche Seelenerforschung und eine schambesetzte Konfrontation mit mir selbst. Warum hatte ich, so musste ich mich fragen, mich so heillos in mein Helfersyndrom verstrickt? Würde ohne mich die psychosoziale Versorgung der Bundesrepublik zusammenbrechen? Was verdeckte ich mit diesem süchtigen Helfen, meinem Unersetzlichkeitssyndrom und meiner Wichtigtuerei? Es war mein uralter, noch lange nicht pensionsfähiger Minderwertigkeitskomplex. Diese Erkenntnis tat weh. Aber sie half. Das Asthma verschwand auf Nimmerwiedersehen.

Es ist Bruker recht zu geben, wenn er die Krankheitsursachen, die mit unserer Lebensführung und unseren täglichen Erlebnissen zusammenhängen, als *lebensbedingt* bezeichnet. Alles, was der Mensch erlebt, kann einen Reiz auf sein vegetatives System ausüben: „Das bedeutet, dass jedes Erleben sich in Änderungen der Organfunktionen äußern kann. Ein Schreck kann Herzklopfen hervorrufen, aber auch Blässe der Haut, Schweißausbruch, Stuhldrang oder irgendeine andere Organäußerung… Auf keinen

Fall aber ist es nötig, zur Erklärung einer Gallenkolik im Anschluss an eine seelische Erregung die Zuflucht zur Einbildung zu nehmen... Und das ganze Geschehen ist auch nicht nervös, sondern exakt ausgedrückt eine durch Aufregung ausgelöste Verkrampfung der wahrscheinlich mit Steinen gefüllten Gallenblase. In diesem ganzen Vorgang ist nichts Mystisches, nichts Unerklärliches, nichts Nervöses und nichts Eingebildetes."

Krankheiten sind so gesehen immer Sedimente, Abgelagertes, in der Vergangenheit Entstandenes. So wie die kariösen Zähne durch den Konsum von Fabrikzucker über Jahre hinweg entstanden sind, so resultieren die psychosomatischen Krankheiten aus kürzer oder länger zurückliegenden lebensbedingten Verletzungen. Alle Krankheiten sind dabei letztendlich „organisch", weil sie sich immer an einem Organ manifestieren und sich niemals im luftleeren Raum zwischen den Organen abspielen. Die Unterscheidung zwischen organischen und nichtorganischen Erkrankungen führt also in die Irre.

Bruker erläutert das am Magengeschwür, das sowohl toxisch als auch lebensbedingt verursacht sein kann. Legt man ein durch Operation gewonnenes Stück Magen, sagt Bruker, in eine Schüssel mit Magensaft, so wird es verdaut. Der Umstand, dass beim Menschen der Magensaft den Magen nicht selbst verdaut, basiert auf einem Schutzmechanismus, da das Blut Stoffe gegen die Selbstverdauung enthält. Erst wenn an einer Stelle des Magens die Durchblutung mangelhaft ist, kann der Magensaft dort ein Loch in die Schleimhaut fressen: „Alle Einflüsse, welche an der Magenwand örtliche Störungen der Blutversorgung hervorrufen können, können zu einem Magengeschwür führen. Da die Durchblutung vom vegetativen Nervensystem gesteuert wird, kann jede Einwirkung auf dieses System indirekt zum Magengeschwür führen; seelische Spannungen eines Ehrgeizigen oder Überforderten können dies genauso bewerkstelligen wie das ausgesprochen auf das Vegetativum wirkende Gift Nikotin oder der Genuss von Fabrikzucker."

Die morphologische Veränderung des Magens ist also das Ende einer Kette von vorausgegangenen Funktionsstörungen. Erst wenn der Patient das begriffen hat, können er und der Arzt sich der Frage zuwenden, was die Ursache der organischen Erkrankung ist, ob die Krankheit ernährungs- oder lebensbedingt ist. Wie sagt doch das persische Sprichwort: „Die Krankheit von heute ist nur die Überschreitung der Naturgesetze von gestern."

Es ist gleichermaßen irreführend, kommentiert der Ganzheitsarzt Bruker, vom kranken Körper oder von der kranken Seele zu sprechen. Sowohl die rein somatische als auch die rein seelische Krankheit kommen nur in der Abstraktion vor. Bei jeder Krankheit ist der ganze Mensch krank. Der Mensch ist eine Geist-Seele-Leib-Einheit. Bruker: „Das Wort Seele zeigt das Geschehen von der Seite des Erlebenden her, während das Wort Geist mehr das Objektive vertritt."

Da die seelischen Vorgänge mit den naturwissenschaftlichen Methoden nicht erfassbar sind – das Ergebnis einer Psychotherapie ist nicht nach Maßgabe einer Blutsenkung zu bestimmen –, sind sie für den naturwissenschaftlich orientierten Mediziner unexakt, irrational, weder verifizierbar noch falsifizierbar. Insofern ist die rein naturwissenschaftliche Betrachtungsweise des Leib-Seele-Geist-Wesens Mensch eine Fiktion. Der Kranke kann mit seinen sozialen und seelischen Facetten niemals allein ein Objekt der Physik und Chemie in der Schulmedizin sein.

Wenn der Zellularpathologe Rudolf Virchow den – von ihm bestrittenen – Ausspruch tatsächlich getan haben soll, er habe Tausende von Leichen seziert, doch nie eine Seele gefunden, so stimmt dies sicherlich im Sinn des überholten substanziierten theologischen Seelenbegriffes. Eine Seele, die nach dem Tod physisch durch das geöffnete Fenster in den Himmel fliegt, gibt es nicht. Doch das *Seelische* ist im Sinn der Tiefenpsychologie wie auch im Sinn der Gehirnphysiologie ein lebenswichtiges Faktum. Aristoteles bekundete bereits: „Der seelische Zustand ist vom Körper abhängig und besteht nicht für sich, unbeeinflusst von den Bewegungen des Körpers. Dies erkennt man ganz deutlich bei der Trunkenheit und bei Krankheiten."

Umgekehrt kann die seelische Verfassung uns trunken und krank machen. Alles, was ein

Mensch erlebt, das agiert er als ein lebendig reagierendes Wesen auch leib-seelisch aus. Da es im körperlichen Bereich keine anderen Ausdrucksmöglichkeiten gibt als die an und von Organen, müssen sich diese Erlebnisse an ihnen manifestieren. Bruker betont: „Die Ursachen aller Krankheiten liegen immer in den Lebensumständen des Menschen; sie lassen sich nur erkennen und verstehen, wenn man die Vergangenheit des Betreffenden kennt. Dabei mögen sich nun Fehler in der Erziehung, milieubedingte Umstände, fehlgeleitete Vorstellungen über Gott, Ehe, die Menschen überhaupt, geschlechtliche Probleme, Ernährungsfehler, Gifteinwirkung, mangelnder Schlaf und vieles andere als ursächliche Faktoren ergeben."

Die Schlüssel für das Verständnis der Krankheit sind also in dem zu suchen, was der Kranke getan hat und was sich ereignete, ehe er krank wurde. Doch hier beginnt das Dilemma. Als Kranker bin ich mir der abgespaltenen Teile meiner Persönlichkeit nicht bewusst. Ich nehme daher die Krankheit wie eine außerirdische Invasion, eine Begegnung dritter Art wahr, als virale Infektion von außen. Wir sind es nicht gewohnt, den Blick auf unser Ich zu richten. Ein afrikanisches Sprichwort lautet: „Der Affe sieht den eigenen Hintern nicht."

Was das heißt, erläutert Bruker so: „Wenn wir aber einen Menschen fragen, was daran schuld war, dass er sich in bestimmten Lebenslagen gerade so und nicht anders verhielt, weshalb er zum Beispiel unter Minderwertigkeitskomplexen leidet oder weshalb er keinen oder einen unpassenden Lebenspartner gefunden hat, oder weshalb er nicht den Mut aufbringt, eine Ehe, die er als endgültig zerbrochen erkannt hat, aufzulösen, so begegnen wir meist demselben Tatbestand: Der Kranke kennt die Gründe nicht. Sie sind ihm nicht bewusst; sie liegen im Unbewussten."

Eine lebensbedingte Krankheit ist eine echte Krankheit! Als Patient muss ich begreifen, dass meine Lebensumstände diese Krankheit erzeugt haben. Die Ursachen für Krankheit liegen immer in der Vergangenheit begründet. Daher ist eine Änderung meiner äußeren Lebensbedingungen, meiner falschen inneren Wahrnehmungen sowie der dadurch entstandenen Handlungsverzerrungen (Neurosen) unerlässlich. Von Carl Gustav Jung wird ein – nicht belegbarer – Satz zur sogenannten reaktiven Depression überliefert, der in dieselbe Richtung weist: „Die Depression ist eine Dame in schwarz. Wenn sie an deine Türe klopft, weise sie nicht ab, sondern bitte sie an deinen Tisch und höre zu, was sie dir zu sagen hat."

Das Rätsel einer psychosomatischen Krankheit zu knacken, bedeutet zunächst einmal, die Macht des Unbewussten zu akzeptieren. Dieses Unbewusste speichert Kränkungen. Es errichtet anfangs hilfreiche, später lebensfeindliche Schutzmechanismen. Es verbarrikadiert den Menschen, treibt ihn in Zwangshaltungen und Zwangshandlungen, hält aber auch wichtige Potenzen der Erneuerung bereit.

Der Traum ist nach Freud die *via regia*, der *Königsweg* zum Unbewussten. Bruker hierzu: „Der Traum ist also der sichere Weg, dem Kranken Unbewusstes bewusst zu machen. Es gelingt, ihm anhand des Traumes zu zeigen, dass in ihm Kräfte vorhanden sind, von deren Existenz er nichts wusste und die er bisher nicht wahrhaben wollte. In der Sprache der Psychologie würde das heißen, dass Verdrängtes, das heißt aus dem

Bewusstsein in unbewusste Seelenschichten Verdrängtes, aus seiner Gefangenschaft befreit wird."

Bruker illustriert die Krankheit aus Verdrängung am Beispiel der gestörten Sexualität: „Am bekanntesten ist dieses Verhalten des Sich-blind-Stellens auf sexuellem Gebiet als natürliche Folge der allgemein geübten fehlerhaften Erziehung in der Kindheit. Bei vielen Personen, die nicht den Weg zum Partner fanden, lässt sich eine unbewusste Ablehnung des Geschlechtlichen überhaupt nachweisen, die nie angeboren, sondern immer durch Fehlerziehung entstanden ist. Die falschen Vorstellungen, die diese Menschen, ohne dass sie sich darüber im Klaren sind, ihr ganzes Leben mit sich herumtragen, führen automatisch zu Fehlhaltungen dem anderen Menschen gegenüber, deren Hintergründe diesem wiederum nicht bewusst sind."

So hatte sich Rosa, eine Patientin von mir, einen ehemaligen katholischen Priester, nennen wir ihn Hubert, zum Mann gewählt. Der knapp fünfzigjährige Hubert kam zu mir, weil seine

Potenz erloschen war. Der Sachverhalt war bei aller Komplexität von Huberts innerer Biografie doch in seinem Wesen klar: Hubert hatte, im Sinne von Eugen Drewermanns Psychogramm *Die Kleriker* (Olten 1989), als Junge wie als Erwachsener einer religiösen Reinheitsideologie gehuldigt. Er stilisierte seine Mutter – bei gleichzeitiger Ablehnung des „triebhaften" Vaters – zur keuschen Mutter-Gottes-Ikone. Er teilte die Welt in „Huren" und „Madonnen" ein – die Frauen des ersten Typus konnte er nicht lieben, mit den Zweiten, den „Reinen" wie Rosa, konnte er nicht schlafen. In der befreienden Therapie und einer lustvollen Selbsterfahrungsgruppe von Männern konnte Hubert seinen Phallus schließlich wieder begrüßen.

Ende gut, alles gut? Mitnichten! Jetzt streikte Rosa. Gegenüber Huberts erwachtem Begehren und seiner nun penetrativen Sinnlichkeit wurde sie im Verlauf weniger Monate anorgasmisch und abwehrend-frigide. Die Therapie mit ihr, durchgeführt von einer Kollegin, gestaltete sich, wie mir Rosa später erzählte, langwieriger und schwieriger als die von Hubert. Denn auch sie war ekklesiogen geschädigt. Sie war das Opfer einer lustfeindlichen, engherzigen christlichen Erziehung. Als Pastoralreferentin einer katholischen Gemeinde hatte Rosa ursprünglich vor, ehelos zu bleiben und ihr Leben dem „Bräutigam Christi“ zu widmen. Gerade weil Hubert, der Ex-Priester, den sie noch im Talar kennenlernte, eine mönchische Askese ausstrahlte und sexuelle Scheu signalisierte, wählte sie ihn unbewusst zum Partner. Er ängstigte sie nicht. Denn er schien das Sexuelle aus den Niederungen des Triebhaften zum feinstofflich Astralen sublimiert zu haben.

Das nennt man mit dem Schweizer Arzt und Psychoanalytiker Jürg Willi die *Kollusion*, das unbewusste Zusammenspiel der Partner. Sie ist das verborgene Geheimnis mancher Partnerwahl. Rosa delegierte ihre Angst vor der Sexualität an Hubert. Dieser schonte Rosa – als Teil des unbewussten Beziehungsvertrages – in Sachen Sexualität. Erst als er seine sexuelle Neurose erkannte und erfolgreich bearbeitete und zum erotisch attraktiven Mann mutierte, musste Rosa ihre eigene Störung wieder in Besitz nehmen, begreifen und ihrerseits bearbeiten. Bei Rosa und Hubert zeigt sich: Jeder heiratet die Vergangenheit des Partners mit, dessen seelische Mitgift wie seine neurotischen Hypotheken.

Sigmund Freud bemerkte einmal: „Nichts stabilisiert eine kranke Ehe besser als die Krankheit." Das ist mir bei nicht wenigen Begegnungen mit Paaren in den Sinn gekommen. Ich erinnere mich an Vera und Bert. Vera, eine fünfundvierzigjährige Grundschullehrerin, kränkelte fortwährend und, wie mir schien, lebensbedingt. Denn sie war mit ihrem gesellschaftlichen Status unzufrieden. Vera wäre lieber Rechtsanwältin geworden. Sie träumte davon, nach Australien auszuwandern. Die deutschen Verhältnisse waren ihr zu eng, der Mann zu spießig. Sie kam aber von Bert nicht los, weil er ihr Sicherheit bot und sie sich als „altes Weib" fühlte. So verharrte sie im Wartesaal des Lebens.

Bert seinerseits war ein schwacher, von Minderwertigkeitskomplexen geplagter „kleiner Angestellter", der froh war, überhaupt eine Frau als Beute in sein Reihenhäuschen abgeschleppt zu haben. Er hatte eine tiefsitzende Angst, Vera so zu verlieren, wie er bereits eine frühere Freundin verloren hatte. Angst ist die schleichende Substanz vieler psychosomatischer Erkrankungen. Bert, der selbst übergewichtig und Diabetiker war, fühlte sich auf einer tieferen, ihm unbewussten Ebene beruhigt, eine „kranke" Frau zu haben. „Eine pflegebedürftige Frau", so lautete sein geheimes Kalkül, „haut mir nicht ab". So machte er aus seiner Ehe eine Intensivstation.

Ein kranker Körper, der stört, ist zuvor gestört worden. Eine Seele, die stört, ist zuvor gestört worden. Wer das mit packender Offenheit beschrieben hat, ist der frühere Außenminister Joschka Fischer. In seinem Bekenntnisbuch *Mein langer Lauf zu mir selbst* (Köln 1999) erinnert er sich an seinen drohenden körperlichen Zusammenbruch. Fischer amtierte gehetzt und ruhelos als Sprecher der Fraktion Bündnis 90/ Die Grünen im Deutschen Bundestag.

Die dramatischen Veränderungen seines Körpergewichts standen in einem deutlichen Zusammenhang mit Joschka Fischers Einstieg in die große Politik. Als erster Grüner Umweltminister in Hessen hatte er bereits eine Härteprobe bestanden, als er seit dem 26. April 1986, dem atomaren Supergau in Tschernobyl, der Öffentlichkeit Rede und Antwort stehen musste. Der Problemdruck wuchs und bescherte ihm schließlich Schlafstörungen. Er kompensierte ihn mit Essen – er legte sich einen Seelenpanzer in Gestalt seines gewaltigen Übergewichts zu. Fressen und Saufen macht die Ärzte reich.

Fischer hörte seinen Atem bei der geringsten Anstrengung pfeifen. Seine Diäten endeten im Jojo-Effekt. Er mied steile Treppen und Anstrengungen. Joschka Fischer war beziehungsunfähig geworden. Seine Seele war wie der ukrainische Katastrophenreaktor von einem Betonmantel umgeben. Es kam 1986, wie es wahrscheinlich kommen musste: „Meine Frau trennte sich nach dreizehn Jahren Ehe von mir. Dieser Blitz traf mich aus heiterem Himmel, die Erde tat sich vor mir auf, der Himmel fiel mir auf den Kopf, und unter der Wucht der emotionalen Katastrophe zerbrach mein ganzes bisheriges Leben innerhalb kürzester Zeit …"

Die Krise führt ihn zur biblischen *Metanoia*, zur Umkehr. Fischer berichtet: „Weil jeder Tag mit dem Morgen beginnt, begann ich auch und gerade das Frühstück zu verändern. Schinken, Wurst, Käse, Eier, Speck, Brötchen – alles wurde gestrichen. Stattdessen stieg ich zuerst auf Cornflakes und dann sehr schnell auf Müsli um, das ich über die Jahrzehnte hinweg einfach ignoriert hatte.“ Er legte damit die tägliche Grundlage für seine Gewichtsreduzierung und zwar erfolgreich. Fischer drosselte drastisch seinen Alkoholkonsum und begann zu joggen und Marathon zu laufen. Es wurde ein langer Lauf zu sich selbst, auch im seelischen Sinne.

Dass Fischer inzwischen wieder zu- und abnimmt und das merkwürdige Paarungsverhalten der Städter mit seiner „seriellen Monogamie“ praktiziert, zeigt zugleich, wie schwierig es ist, ein harmonischer Mensch zu werden. Karl Jaspers sagte in *Die geistige Situation der Zeit* (1933) weise: „Der Mensch ist immer mehr, als er von sich weiß. Er ist nicht, was er ein für alle Mal ist, sondern er ist Weg.“ So spiegelt unsere Krankheitsgeschichte auf eine zunächst trübe Art die Geschichte unseres inneren Lebens. Eugen Roth: „Zwei Dinge trüben sich beim Kranken: a) der Urin, b) die Gedanken.“

In der Psychologie dagegen, erläutert von Weizsäcker (in seinem Rückblick *Meines Lebens hauptsächliches Bemühen*), will der Mensch nicht länger Objekt sein, sondern sich selbst durch die Krankheit und in der Krankheit als Subjekt begreifen. Sie soll das „Senkblei“ und der „Prüfstein“ sein, an dem ich erfahre, „wer eigentlich ich bin“. Die Folgen sind revolutionär. Sie begründen die neue psychologische oder anthropologische Medizin: „Der erste Akt dieser neuen Methodik ist die biografische Erforschung… Man sieht jetzt, dass die Psychologie in der Medizin ein unerwartetes Ergebnis zeitigt. Sie hat nicht nur die Kenntnis der Seele zu bringen, sondern sie hat den Körper so beleuchtet, dass er in einem anderen, in einem neuen Licht erscheint.“

Der Kranke gibt nach von Weizsäcker wertvolle psychologische Hinweise, wenn er etwa bekennt, „mir ist, als ob sich etwas zusammenschnürte“, oder „ich fühle etwas wie einen Stein in mir“. Das hat hohen diagnostischen Wert, weil es die Selbstwahrnehmung des Kranken und seine gleichnishafte Darstellung ist: „Die Beschwerden, Sensationen und Träume also lehrten wir als gleichmäßig verborgene Leibgeschehen, als Übersetzung materiellen Geschehens in mitteilbare Sprache." Der Patient erzählt durch seine Krankheit, wovon er nicht sprechen kann – eben, weil es ihm *un-bewusst* ist.

Im Eingangsbereich von Infektions-, Stoffwechsel- oder Kreislaufkrankheiten steht oft ein Konflikt zwischenmenschlicher Art, etwa in der Beziehung zum Vater, zur Mutter, eine heimliche Außenbeziehung oder auch problematische Geschwisterbindungen aus der Ursprungsfamilie. Von Weizsäcker: „Und nun hat uns die Beobachtung noch viel präziser Dinge gelehrt, nämlich dass an der Pforte der Krankheiten nicht nur die persönlichen Konflikte mit den nächsten und blutsverwandten Personen stehen, sondern auch die Konflikte der Ideen, der Gebote, der Treue zu ihnen, der Hingabe an sie. Zeugung und Tod, aber auch Glaube und Gebot, Kirche und Staat bringen die Konflikte, in denen und durch die der Mensch seine Krankheit bekommt."

Ideen können uns besessen machen, entzweien, spalten, zerfleischen, töten oder aufs Krankenbett niederstrecken. Das alles ist mit einer bloß analysierenden und sezierend kalten Psychologie von Seiten des Arztes nicht anzugehen. Von Weizsäcker: „Ich meine, die Psychologie sei doch wärmer, liebender und anerkennender in ihrem Verhältnis zum Menschen. Ich meine natürlich eine Psychologie, die nicht erklärt, sondern begreift."

Das letzte und höchste Geheimnis aber der Medizin – wie der Psychotherapie – ist, mit Paracelsus zu formulieren, die Liebe. Im klinischen Setting eines menschlich geführten Krankenhauses mit humanistischen Ärzten und liebevoll zugewandten Krankenschwestern und Pflegern kann der Kranke für eine Weile regressiv in den kindlichen Schonraum mütterlicher Geborgenheit zurückkehren und seine Heilkräfte wieder entdecken.

Viktor von Weizsäcker sagt es so schön: „Wenn wir in die Klinik aufgenommen werden, so werden wir gleichnishaft wieder Kinder. Wir haben Ruhe und Wärme im Bett wie einst im Mutterleib, und eine Schwester beugt sich über uns wie eine Mutter. Die Schonkost, die sie bringt, ist so wie damals, als wir Milch und Brei bekamen. Nun geht die Tür auf, und ein Vater erscheint in Gestalt des Arztes. Dieser Infantilismus des klinischen Rituals gleicht einer Kindheitsszene, die der Naivität genau entspricht, mit der Krankheit und Krankheitsbedürfnisse uns begaben. Dies ist aber das Gegenteil von Vergeistigung und sagt uns: Du kannst neu anfangen, Du bist von einer zerstörenden Ideologie befreit. So etwas meint auch die Psychologie."

Krankheit als Können: Anpassung und Selbstheilung

Die Erkrankung ist aber auch das Symbol, eine Darstellung eines inneren Vorgangs, ein Theaterspiel des Es, mit dem es verkündet, was es mit der Zunge nicht auszusprechen vermag.

Georg Groddeck
Buch vom Es (1923)

Der Internist und Neurologe Viktor von Weizsäcker wurde berühmt durch seine Formulierung „Der Mensch bekommt seine Krankheit nicht nur, er macht sie auch. Krankheit ist Können." In einer der prägnantesten und hilfreichsten Studien hat Dieter Beck diese verborgene aktive Kraft des Krankheitsgeschehens gewürdigt: *Krankheit als Selbstheilung. Wie körperliche Krankheiten ein Versuch zur seelischen Heilung sein können* (Frankfurt am Main 1981).

Professor Dieter Beck war Leiter der Psychosomatischen Abteilung an der medizinischen Universität/Polyklinik Basel. 1980 wurde er in der Klinik von einem Patienten ermordet – ein schrecklicher Hinweis auf die tabuisierten destruktiven Tendenzen zwischen Patient und Arzt. Dieter Beck postuliert in seinem Buch: „Körperliche Krankheiten stellen oft einen Versuch dar, eine seelische Verletzung auszugleichen, einen inneren Verlust zu reparieren oder einen unbewussten Konflikt zu lösen. Körperliches Leiden ist oft ein seelischer Selbstheilungsversuch."

Wenn das stimmt, kann die Heilung der Krankheit und damit die Lösung einer menschlichen Krise nicht allein an die Medizintechnik delegiert werden. Elisabeth, eine zweiundfünfzigjährige Augenärztin, kam längere Zeit zu mir in die Therapie, weil sie die Ehe mit ihrem wortkargen Mann und Berufskollegen als Seelenkatastrophe empfand. Kurt weigerte sich, mit ihr eine Paartherapie zu machen, die ja in den meisten Fällen zu einer Erneuerung der Beziehung und dem Wiedereinsetzen der Paarevolution und Paarsynthese führt. Der verbissen arbeitende, extrem ehrgeizige Kurt, ein Lehrbuchfall der *isolierten Persönlichkeit*, quälte seinen Körper durch Fehlernährung, Nikotin, Alkoholabusus, Überarbeitung und seelische Lieblosigkeit so lange, bis er eines Tages mit einem Herzinfarkt zusammenbrach. Medizintechniker, der er war, ließ er es dabei bewenden, sich einen Herzschrittmacher einsetzen zu lassen und drei Wochen später wieder seine mörderisch kräftezehrende Kassenpraxis weiterzuführen, als ob nichts geschehen wäre.

Elisabeth bestürmte Kurt vergeblich, sich die Gnade einer Introspektion und Lebensinventur in der psychosomatischen Hochgratklinik in Wolfsried/Allgäu zu gönnen und die dort praktizierte *Familienwoche* mit ihr zusammen zur Liebesarbeit an der angeschlagenen Beziehung zu nutzen. Kurt machte einfach weiter. Elisabeth gab daraufhin ihre Partnerschaftsbemühungen entnervt auf und verließ Kurt. Die beiden Kinder befanden sich ohnehin im Studium. Elisabeth berichtete mir später: „Kurt hat nichts begriffen. Er schluckt seine Betablocker, trinkt zu viel und ‚rächt' sich an mir durch die Beziehung mit einer vierundzwanzigjährigen medizinisch-technischen Assistentin, die ihrerseits verheiratet ist. Statt dass sein Herz einen Schritt nach vorne macht, begnügt er sich mit dem Herzschrittmacher."

Dieter Beck will das körperliche Leiden positiver als bisher bewertet sehen. Er betont die „synthetischen Fähigkeiten des Ich und die kreativen Tendenzen des Selbst, welche die Körperkrankheit in den Dienst der Selbstreparation stellen". Diese schöpferischen Tendenzen bei Patienten sind nach Beck für viele Ärzte kränkend, weil sie die Allmacht des Arztes unterminieren. Nicht nur der Patient, auch der Arzt ist kränkbar. Anstatt so ein sensibles Organ wie das Herz durch einen technischen Impulsgeber zu überschreien und es damit bewenden zu lassen, sollte der Arzt das Herz als Symbolträger menschlicher Emotionen respektieren. Max Otto Bruker pflegte den Patienten am Ende der kardiologischen Untersuchung häufig zu fragen: „Was hat Ihr Herz denn so aus dem Rhythmus gebracht?".

Beck sieht im Krankheitsgeschehen die Chance des Patienten, sich ein Moratorium, eine Auszeit von den zermürbenden Pflichten des Alltags, zu gönnen und sich in seiner kindlichen Unversehrtheit wieder zu entdecken. Wie Weizsäcker beschreibt er das Im-Bett-Liegen als eine Regression im Dienste des Ich, „was ein Zurückfluten von Vorstellungen und Gefühlen auf eine frühere Entwicklungsstufe bedeutet". C. G. Jung würde sagen, der Leidende legt seine *persona*, die (gesellschaftliche) Maske, ab und taucht ein in die *figura*, das wirkmächtige kindliche Ich.

Diese Regression ist ein, wie man in der Psychoanalyse sagt, *reculer pour mieux sauter*, ein Zurückgehen, um besser springen zu können. Beck: „In diesem regressiven Zustand, der mit einer libidinösen Wiederbesetzung des Körpers, mit einer Resomatisierung von Affekten und der Wiederbelebung des archaischen Körper-Selbst verbunden ist, entwickelt das Ich Selbstheilungstendenzen. Damit ist die Fähigkeit des Ich gemeint, im Körper bereitliegende Bereitschaften zu krankhaften Reaktionen zur Reparation von Störungen im Bereiche des Ich, Über-Ich oder Selbst heranzuziehen. In der Regression gelingt dem Ich mit Hilfe der Körperkrankheit eine seelische Umstrukturierung."

Krankheit ist so gesehen eine schöpferische *Adaption* (von lateinisch *adaptare*, *anpassen*). Sie ist eine „emotionale Ich-Erweiterung", eine Verlustverarbeitung, eine Sühneleistung oder eine narzisstische Reparatur. Hierbei werden wieder, wie bereits früher erwähnt, die Organwahl als Symptomstätte und die sprachliche Beschreibung der Krankheit bedeutsam und aufschlussreich.

„Ich bin verschnupft" – auf welche Kränkung reagiere ich allergisch? „Ich habe die Nase voll" – wovon? „Mein Herz tut weh" – was hat mir ein Herzeleid zugefügt? „Ich bin chronisch erkältet" – steckt meine Beziehung im seelischen Packeis fest?

Georg Groddeck spricht vom „Theaterspiel des Es, mit dem es verkündet, was es mit der Zunge nicht auszusprechen vermag [...] Das Unbewusste antwortet mit einer erstaunlichen Präzision, etwa dass die Heiserkeit da sei, um zur flüsternden Mitteilung eines Geheimnisses zu zwingen ... Der Geruch aus dem Munde, um Bewerber fernzuhalten, die Kälte der Hände, um die heiße Empfindung zu verbergen ..." (aus: *Das Buch vom Es*).

Die Organsprache ermöglicht – nicht garantiert! – dem leidenden Menschen, bislang fremde und unzugängliche Gefühle wahrzunehmen und die abgespaltene emotionale Persönlichkeit zu integrieren. Der Patient lernt im positiven Fall, erstmals mit sich selbst und den Menschen seiner Umgebung wahrhaftig zu kommunizieren. Seine Krankheit, Erschöpfung und Funktionsverluste stellen seine Wahrheit dar, für sich und die anderen. Das mag abstrakt und theoretisch klingen. Schauen wir uns die Krankheit als Anpassung, Können und Selbstheilung wieder anhand einiger plastischer Fälle an.

Da ist der Fall des asthmatischen Jungen, den Max Otto Bruker häufig als beispielhaft erwähnte. Seine Atemnot war so beklemmend, dass ihn seine Eltern immer wieder zur Kur in ein Sanatorium schickten. Jedes Mal ging es dem Jungen nach kurzer Zeit besser; zurückgekehrt meldete sich das Asthma postwendend wieder. Die Eltern waren über die hartnäckigen Rezidive verzweifelt. Weil sie ihren Sohn über alles liebten, zogen sie schließlich mit der ganzen Familie an den Kurort, um dem Sohn ganzjährig das „Heilklima“ zu ermöglichen. Doch das Unerwartete geschah – jetzt wurde der Junge auch dort asthmatisch. Des Rätsels Lösung war psychosomatisch, wie Bruker berichtete: Die erdrückende Autorität des Vaters nahm dem Jungen buchstäblich die Luft. Vor allem deswegen war er in der räumlichen Distanz der Sanatoriumsaufenthalte aufgeblüht. Sein Asthma zeigte in verschlüsselter Form die Notwendigkeit der Ablösung von den Eltern.

Der Arzt und Psychoanalytiker Helm Stierlin charakterisiert in seiner Untersuchung *Eltern von Kindern. Das Drama von Trennung und Versöhnung im Jugendalter* (Frankfurt 1974) diese Suche nach einer Lösung so: „Sie kann – ja muss oft – beinhalten, dass sich die Familienmitglieder neue Regeln, neue Sichtweisen, neue Problembewältigung, Kommunikation und damit neue Beziehungsmuster zu eigen machen, die alle dazu beitragen, den Dialog wieder in Gang zu bringen." Gerade Ablösungskrankheiten in der Adoleszenz wie nach Trennungen im Erwachsenenalter sind dramatisch. Stierlin: „In diesem Drama geht es um höchste Einsätze. Seine Elemente sind Tod und Wiedergeburt; Verlust und Wiedervereinigung mit dem, was uns am teuersten ist; tiefste Verzweiflung und Freude; Entzweiung und Versöhnung."

Krankheit verliert in dem Augenblick den bloßen Charakter einer Kränkung, wenn sie begriffen und als Konfliktbewältigung benutzt wird. Insofern kann man die beschriebenen typischen „Kränkungskrankheiten" auch oft als Befreiungsschläge lesen. Der Körper ist dabei nicht mehr länger nur passives Schlachtfeld der Verletzungen, sondern ein Ort der Erneuerung: Das von mir erwähnte anorektische Mädchen Manuela erkennt in seiner Magersucht die väterliche Kränkung seiner Weiblichkeit. Es verhindert die eigene Frauwerdung zunächst, um dann den verborgenen Appell seiner suchtmäßigen Essensverweigerung zu begreifen. Es folgt der Auszug aus dem familiären Katastrophenmilieu und das Wagnis, die Frauwerdung im Kreis einer neuen, schützenden Familie zu bestehen.

In diesem Sinn bezeichnete der selbst schwer leidende Nietzsche die Krankheiten „als große Stimulantia des Lebens". Und: „Gesundheit und Krankheit: man sei vorsichtig! Der Maßstab bleibe die Effloreszenz (das Aufblühen – M.J.)

des Leibes, die Sprungkraft, Mut und Lustigkeit des Geistes – aber, natürlich auch, wie viel von Krankhaftem er auf sich nehmen und überwinden kann – gesund machen kann. Das, woran die zarteren Menschen zu Grunde gehen würden, gehört zu den Stimulanzmitteln der großen Gesundheit“ (in *Der Wille zur Macht*).

Ein Beinbruch, äußerlich gesehen ein banaler Zufall, kann am Weglaufen hindern und eine Ehe retten. Paul, ein vierzigjähriger Facharbeiter, verheiratet, Vater zweier noch nicht schulpflichtiger Kinder, berichtete mir darüber. Sein heller analytischer Verstand, mit dem er selbst dabei das komplexe Drama seines Unbewussten aufdröselte, faszinierte mich. Paul: „Ich fahre gerne Ski. Meine Frau ist unsportlich. Als ich vor einem Jahr allein in die Alpen zum Skilaufen fuhr, verliebte ich nüchterner Norddeutscher mich unsterblich in eine süße Schwäbin. Ich stand in Flammen. Unsere Sexualität war himmlisch.

Das hatte ich seit der Geburt unserer Lütten (Kleinen – M.J.) fürchterlich vermisst. Die Kinder daheim waren ziemliche Sexkiller oder, anders gesagt, meine Frau und ich begegneten uns fast nur noch als ‚Mutti' und ‚Vati' statt als Frau und Mann. Unser Leben drehte sich nur noch um die Kinder. Wir nahmen uns keine Zeit für uns. Wir gaben gemeinsame Interessen wie Sprachkurse, Kino, Freundesbesuche auf und versumpften irgendwie. Mit meinem ‚Schwabenglück' war plötzlich alles anders. Ich spürte über Nacht wieder, wie aufregend das Leben und die Liebe sein können. Wir schickten uns verliebte Emails und SMS' und planten bereits eine gemeinsame Zukunft. Als wir uns zum zweiten Mal beim Skilaufen trafen, stand ich kurz davor, meinen ehelichen Dienst zu quittieren."

Was dann geschah, schildert Paul in hochsymbolischer Verdichtung: „Auf einem vereisten Hang, den ich trotz der Warnungen meines Schwabenglücks leichtsinnig hinabjagte, stürzte ich und brach mein Bein. Ich hatte mich wohl zu sehr auf das Glatteis der Liebesverwirrung gewagt. Mit dem Hubschrauber wurde ich in das nahegelegene Hospital gebracht. Zurückgekehrt genoss ich, mit meinem Gipsbein krankgeschrieben, erst einige Wochen die Befreiung vom Beruf und vom Alltag.

Das war ein zweifaches Geschenk. Auf einmal konnte ich über mich nachdenken. Ich begriff, dass ich buchstäblich vor einem Hals- und Beinbruch meines Lebens stand. Denn ich liebte doch meine Frau und meine wundervollen Kinder über alles. Dieses Gefühl der Verbundenheit mit ihnen war das zweite Geschenk meiner krankheitsbedingten Auszeit. Seit Jahren hatte ich nicht mehr so viel Zeit mit den Kindern, besonders aber mit meiner Frau, verbracht. Ich habe ihr dann meine Außenbeziehung offenbart. Diese beendete ich in diesen Tagen mit einer guten telefonischen Aussprache mit meiner Schwäbin. Ich bezeichne diese denkwürdigen Wochen heute noch als mein Saulus-Paulus-Erlebnis. Es war eine tiefgreifende Wandlung, die Wiedergeburt der Liebe zu meiner Frau."

Paul kamen die Tränen, als er mir das gleichsam mystische Zentralerlebnis dieser Wochen schilderte: „Ich weiß nicht, wie mir geschah. An einem Morgen, als die Kleinen im Kindergarten waren, bat ich meine Frau, sich mir gegenüberzusetzen und nichts zu sagen. Ich habe etwa zehn Minuten lang, für mich war es eine Ewigkeit, ihr feines, liebes Gesicht betrachtet, das bereits von den ersten Altersfältchen melancholisch gezeichnet war. Ich begann zu weinen. Ich fühlte, sie war mein Schicksal."

Ich bin wie die meisten Therapeuten erstaunt, mit welcher Feinfühligkeit und Hellsichtigkeit mir die Patienten häufig die kodierten seelischen Botschaften ihrer Organsprache entschlüsseln. Da sagt eine von Obstipation geplagte Frau: „Ich weiß jetzt, warum ich von meiner Verstopfung nicht loskomme. Ich stopfe alles in mich hinein, die Pommes frites, die Pralinen, die süßen Kuchenberge, aber auch die ungelösten Konflikte. Ich erdrücke meinen Mann und die Kinder mit meiner Kontrolle und fürsorglichen Belagerung. Ich muss lernen, all das loszulassen." Da sagt umgekehrt die Diarrhoe-Kandidatin: „Ich bin, weil ich helfe. Außer Helfen habe ich nichts kennengelernt. Ich helfe bis zum Umfallen. Dabei gebe ich mich selbst auf und lasse mich ausnützen. Mein Durchfall scheint mir typisch für mich – selbst *das* kann ich nicht für mich behalten."

Georg, zweiundfünfzig, ein Studienrat, der sich in seinem Beruf, darüberhinaus als Dirigent zweier Chöre und als Kommunalpolitiker, restlos verausgabte, galt lange Zeit als unheilbarer *typus migränicus*. Er putschte sich, typisch für Wochenend-Migräniker, durch starke Kaffeetrinkerei auf, was seinen Zustand noch verschlimmerte. Spannend war jedoch für mich, was er über seine durch die Migräne erzwungenen Wochenendrückzüge in das abgedunkelte Schlafzimmer erkannte: „Ich gehe dann in die embryonale Grundstellung. Das genieße ich. Alle im Haus gehen auf Zehenspitzen. Meine Frau versorgt mich wie ein Baby. Keiner verlangt mehr etwas von mir. Ich bin von jeglicher Verpflichtung frei. Ich werde friedlich. So wüst diese Migräne ist, ohne diese Ruhepausen, die sie mir beschert, könnte ich gar nicht mehr leben. Mir ist alles über den Kopf gewachsen."

Von diesem Bekenntnis bis zur konsequenten Reduktion seiner *Polypragmasie*, seiner nervtötenden Vielgeschäftigkeit und ihrer psychologischen Hintergründe, war es allerdings noch ein langer Prozess mit vielen kleinen Schritten. Seine Migräne wurde in diesem Verlauf zu einem Ausnahmefall. Wenn sie gelegentlich noch auftauchte, war sie fast immer stress- und spannungsbedingt. Es mag paradox erscheinen, aber es ist tatsächlich so: Heilung geschieht durch Krankheit.

Wenn Krankheit Können ist und der Mensch seine Krankheiten „macht“, so ist auch im Umkehrschluss Gesundheit ein Können und Gestaltungsvermögen. Mit dem Gastritiker Lothar, einem liebenswerten, aber aggressionsgehemmten Junggesellen und Computerfachmann, inszenierte ich in Rollenspielen den längst fälligen Widerstand gegen seinen dominanten Chef. Außerdem regte ich ihn dazu an, nicht mehr in der Fußgängerzone mit sehnsüchtiger Hoffnungslosigkeit Frauen nachzustarren. Ich ermunterte ihn vielmehr, sich der Realität zu stellen, die Initiative zu ergreifen. Er sollte sich, notfalls auch per Internet-Partnervermittlung, ins Leben trauen.

Das sagt sich einfacher, als es hier geschrieben ist. Tatsächlich war es mit Lothar ein Kampf wie Jakob mit dem Engel. Aber er begriff letztendlich sein Drama der Lebenshemmung, die neurotische Introversion. Er begann, sich extravertierte und kämpferische Charakterzüge anzueignen. Lothar verließ das therapeutische Laufställchen, indem er sich von mir mit den energischen Worten verabschiedete: „Ich schwöre es dir, ich kriege keine Magenentzündungen mehr. Ich schlucke keine Unverschämtheiten mehr. Lieber kotze ich sie aus!"

Auch Märchen geben uns Auskunft über das Rätsel psychosomatischer Krankheiten. Ein Mensch igelt sich ein, seine Haut wird stachelig. Das ist eine Leidensgeschichte körperlicher und seelischer Natur. Das Grimm'sche Märchen *Hans mein Igel* beschreibt diese seelische Verpanzerung eines ungeliebten Kindes, das als *oben ein Igel und unten ein Junge* geboren wird, mit symbolischer Eindringlichkeit. Er leidet, wie so viele Menschen, an der Wunde des Ungeliebten und begreift sie doch nicht. Acht Jahre lang liegt er auf einer Schütte Stroh hinter dem Ofen in der seelischen Obdachlosigkeit seines Elternhauses. Er ist ein Flaschenkind des Lebens, das an den Brüsten der Mutter nicht trinken darf.

Und doch bewältigt dieses depressive Menschlein eine gewaltige Aufbruchleistung: Er wandert mit einer kleinen Herde von Schweinen und Eseln in den Märchenwald des Lebens. Dort vermehrt er seine Herde wundersam, was auf seine innere Entwicklung und wachsende Lebenspotenz hindeutet. Seine Wachstumsgefährten sind der schöne männliche, sporenbewaffnete Gockelhahn und der Dudelsack, mit dem er die Stimme seiner inneren Musikalität entwickelt: *Wenn er aber auf dem Baum saß, blies er seinen Dudelsack und machte Musik, die war sehr schön.*

Das Leben von Hans mein Igel ist wie jedes Drama der Individuation nicht einfach, sondern kompliziert, leid- und freudvoll. Leben bedeutet Wachstum. Wachstum aber bedeutet Veränderung. Wachstum ist das Dynamit unseres Lebens. Es donnert. Es reißt Löcher in die Textur der Gewohnheiten. Es macht ratlos. Es macht Angst. Es moussiert oft aber auch wie Champagner. Jeder von uns macht diese Erfahrung letztlich allein, niemand ist darauf vorbereitet. Für das Leben gibt es keine Bedienungsanleitung und keinen Trockenkurs. Wir schlängeln uns wie krumme Bächlein hindurch, es ist eine nicht enden wollende Suchbewegung.

Hans mein Igel führt zwei Könige, die sich im Dschungel des Lebens verirrt haben, aus dem Zauberwald zurück zu ihrer Bestimmung. Er versucht vergeblich, das Herz des Vaters zu gewinnen, indem er ihm die groß gewordene Herde von Schweinen und Eseln wie ein Opfer zur Schlachtung darbietet. Er versucht, durch Leistung Liebe zu erwirken. Doch er muss ohne den Segen des Vaters wieder in die Welt gehen.

Hans begegnet der Tochter des ersten Königs, der ein Lump ist. Er sticht sie mit seinen Stacheln blutig. Er verhöhnt sie, dass sie *beschimpft ist, ihr Lebtag.* Er quält mit den harten Stacheln seiner Seele wohl viele Frauen, weil er sich an der ersten Frau seines Lebens, der Mutter, rächen will, die ihm die Brust und die Liebe verweigerte. Er ist eine tickende Zeitbombe sadistischer Verletzungsqualität. Dumpf spürt er zwar die Tragödie seiner Kindheit, aber ohne sie in Form von Trauer und Wut abgearbeitet zu haben, kann er seinen Eltern nicht verzeihen.

Am Ende erlöst sich unser Haut- und Seelenkranker selbst, assistiert allerdings von der Liebe der reifen zweiten Königstochter. Nun erhält

Hans endlich den „tertiären" Krankheitsgewinn, die Erkenntnis seiner Misere und die Notwendigkeit, sein Misstrauen gegen Menschen abzulegen.

Hans spricht das Schlüsselwort seiner Existenz. Er werde *aus seiner Igelshaut herauskriechen* und sie ein für alle Mal hinter sich lassen. Seelisch kräftige Männer sollen ihm bei dieser Suche nach seiner neuen weichen Männlichkeit und der Entdeckung seiner *anima*, seiner weiblichen Seele, beistehen. Die Männer, sagt er, sollten ein großes Feuer anfachen und seine Igelshaut hineinwerfen, *auch dabeibleiben, bis sie vom Feuer verzehrt wäre.* So hoch energetisch ist die neue Gestaltwerdung des seelisch kranken Hans: Wie ein Phönix muss er aus der Asche des alten verbrannten Ego steigen.

Diese Arbeit am Charakter gehört zum Schwersten des Lebens, denn unser Wesenskern gehorcht dem Trägheitsgesetz der Beharrung und ist nur durch äußersten Leidensdruck und Liebe umschmelzbar. Am Ende seines feurigen Lebensprozesses ist Hans mein Igel erlöst. Er liegt da im Brautbett *ganz als ein Mensch gestaltet.* Jetzt wird er auch König, das heißt er hat die verwickelten Marionettenfäden seiner neurotischen kindlichen Verstrickungen gekappt und ist ein königlicher Souverän im Haus seiner Affekte und Vernunftstrebungen.

Nun vermag Hans sogar, erwachsen geworden, auf Augenhöhe seinem alten Vater gegenüberzutreten. Er kann den Vater aus seinem Seelenstupor erlösen: durch die Liebe. Der Schlaf der Gefühle und der Vernunft ist beendet: „Wie das die Königstochter sah, war sie froh und am anderen Morgen stiegen sie mit Freuden auf, aßen und tranken, und ward die Vermählung erst recht gefeiert, und Hans mein Igel bekam das Königreich von dem alten König."

Während männliche Hautkranke den Erkenntnisgewinn aus ihrer Krankheit in *Hans mein Igel* anrührend erfahren können, sollten weibliche Hautkranke, aber auch sexuell missbrauchte Frauen, das Entwicklungsmärchen *Allerleirauh* in ihr Herz lassen. Dort sind der Pelz und die verrußte Haut die Krankheitssymptome, wie der Psychotherapeut Heinz-Peter Röhr in seinem analytisch vorzüglichen Buch *Ich traue meiner Wahrnehmung. Sexueller und emotionaler Missbrauch oder Das Allerleirauh-Schicksal* (5. Auflage Düsseldorf 2005) dargestellt hat. Wo ein Kranker die Sprache seiner Haut wie eine Fremdsprache lernt, zieht er einen Gewinn weit über seine Krankheit hinaus. Die Psychoanalytikerin und Theologin Ingrid Riedel, die schon über *Hans mein Igel* eine meisterhafte Deutung vorgelegt hat (*Hans mein Igel. Wie ein abgelegtes Kind sein Glück findet*, 3. Auflage, Stuttgart 2004) betont: „Haut ist ja das Organ, das unsere Verbindung zwischen Innen- und Außenwelt reguliert."

Das elaborierte, also seelisch durchgearbeitete, Krankheitsgeschehen bedeutet in diesem Sinn eine emotionale Ich-Erweiterung und einen Reifesprung der Persönlichkeit. Rüdiger, ein hagerer achtundvierzigjähriger Mann mit fahlem Gesicht, saß in meinem Praxissessel, weil er keine sexuelle Appetenz mehr verspürte. Konkret gesagt, er brachte zwar eine Erektion zuwege, aber er spürte eine chronische Unlust zur Sexualität. Seine Frau beklagte sich darüber und schickte ihn deshalb zu mir. Seine psychische sexuelle Antriebslosigkeit verwies, wie es sich in der Therapie zeigte, auf ein ungleich tieferes Phänomen: die allgemeine Impotenz seines Lebens.

Rüdiger steckte in der klassischen männlichen Midlife-Crisis. Er war ausgebrannt und depressiv verschattet. Im Beruf musste er als Pharmavertreter seine Entlassung befürchten; seine Ehe war langweilig, er hatte keine Hobbys. Er rauchte und verpflegte sich auf seinen Außendiensttouren gesundheitsschädlich. Rüdiger versank Abend für Abend vor dem Fernsehapparat (dem Beziehungskiller Nr. 2, nach Alkohol). Er litt als Kettenraucher unter chronifizierten Bronchialkatarrhen, Kurzatmigkeit und Durchblutungsstörungen. Spiritualität, also geistige Ausrichtung und Interessen, hatte der frühere Lyrikfan verloren. In einer psychosomatischen Klinik, wozu ich ihn bewegen konnte, überdachte er, durch seine Depressivität und Sexualverlust provoziert, sein Leben. Rüdiger bekam sozusagen wieder rote Backen. Seine Sexualität kehrte wie eine entlaufene Katze zurück.

Krankheit kann auch zu einer Bewusstwerdung und Veränderung des Familien-Ich führen.

Hierbei sind oft die Kinder die Symptomträger und Stimulatoren. Bei Klaus und Susanne war es die achtjährige Katharina, die nach dem Wiedereinstieg der Mutter in den Beruf ständig zu kränkeln begann. Sie protestierte damit unbewusst über die Symptomsprache gegen die plötzliche Hetze und Zeitnot in der Familie. Denn Klaus machte neuerdings viele Überstunden, und Susanne begnügte sich nicht mit ihrem – sinnvollen – halben Lehrdeputat an der Behindertenschule, sondern saß überdies ganze Nachmittage und Abende über den Lehrmaterialien ihrer Heilpraktikerausbildung. Durch ihre Krankheiten zwang Katharina beide Eltern, ihr Arbeitsengagement zu reduzieren und sich mehr Zeit für das Kind und für sich selbst zu nehmen. Der Familienfrieden wurde durch die Krankheitsintervention der Tochter wieder justiert.

Krankheit kann eine Konfliktaufschiebung sein. Wir erkranken vor einer unangenehmen Besprechung, einem Prozesstermin oder einem gefürchteten Examen. Der Dichter Franz Kafka, ein notorischer Zauderer mit masochistischen Zügen, tuberkulosekrank und magersüchtig, erlebte eine solche Konflikttransponierung. Seine Liebesgeschichten waren selbstquälerisch, weil er einerseits die Treue zu den Frauen nicht brechen wollte, aber andererseits sich an das Gebot des herrischen Vaters, eines Aufsteigers und Millionärs, gebunden fühlte, eine reiche Partie zu machen. Der Versicherungsjurist und Poet spürte, dass er die Verlobung mit seiner Geliebten Felice Bauer auflösen musste, aber er wagte nicht, es ihr zu sagen. Diesem schweren seelischen Konflikt ausgesetzt, bekam er eine Lungenblutung. Nach dem Blutsturz konnte er die Beziehung endlich beenden. Kafka schrieb an seinen Freund Max Brot: „Manchmal scheint es mir, Gehirn und Lunge hätten sich ohne mein Wissen verständigt. ‚So geht es nicht weiter', hat das Gehirn gesagt, und nach fünf Jahren hat sich die Lunge bereiterklärt zu helfen."

Es gibt auch den Krankheitsmodus der Verlusterfahrung. Das bestätigt die psychotherapeutische Praxis fast täglich. In meinem Buch *Trennung als Aufbruch* (emu Verlag) habe ich eine Fülle solcher „Scheidungskrankheiten" ins Bild gerückt. Besonders erinnerlich ist mir das Leiden und der Erkenntnisgewinn von Thea.

Der Verkäuferin, siebenundvierzig Jahre alt, Mutter einer erwachsenen Tochter, war der Ehemann mit einer anderen Frau „durchgebrannt". Thea war zwar wütend, aber sie tat, als ob nichts geschehen wäre. Thea stürzte sich vielmehr verstärkt in die Arbeit, bot sich für Überstunden und Sondereinsätze an, ging ins Fitnessstudio, belegte einen Spanischkurs, kurz, sie rannte in einem Hamsterrad pulstreibender Geschäftigkeiten herum, die ihr keine Zeit mehr zum Nachdenken ließen. Es war eine Flucht. Dann schlug die Krankheit zu – eine Lungenentzündung warf sie monatelang aus der Bahn.

Theas Schwächezustand wollte nicht weichen. Ihr Aktionskreis verringerte sich auf die Wohnung. Thea erinnert sich: „Plötzlich musste ich weinen. Ich weinte tagelang, ja wochenlang. Jeden Tag mehrfach. Ich habe meinem Exmann nachgeweint, den ich bei aller Kritik doch geliebt habe. Hinter meiner Wut auf ihn steckte eigentlich Trauer. Da musste ich nun durch. Ich habe ihn mit diesen Tränen aus meinem Herzen verabschiedet und ihn gleichzeitig als Vater unserer Tochter zu respektieren gelernt. Ich musste auch weinen, weil ich mir viele Jahre lang ein zweites Kind gewünscht hatte und mein Mann dagegen war. Auch diesem Schmerz musste ich in die Augen sehen.

Vor allem aber begriff ich in dieser Krankheitsphase, dass ich auf die Scheidungskatastrophe falsch reagiert hatte. Ich hatte nämlich für mich den Satz aufgestellt, ‚mir kommt kein Mann mehr in mein Leben'. Ich begriff, das war ein dummer Satz, aus Erbitterung entstanden und destruktiv. Als ich langsam wieder zu Kräften kam, empfand ich das Leben als ein einziges Geschenk, freute mich an jedem Sonnenstrahl, lächelte die Menschen an und sogar die schrecklichen Männer. Inzwischen habe ich in meiner zweiten Beziehung und ohne Trauschein das große Glück gefunden."

Krankheit bedeutet oft die Chance einer tiefgreifenden Persönlichkeitsveränderung. Eduard, der sich nach dem Krebstod seiner Frau (mit zweiundsechzig Jahren) mit einer Unmenge von Arbeit als freiberuflicher Grafiker zu betäuben suchte, wurde durch den Krankheitsausbruch seines Morbus Crohn und einem längeren Aufenthalt in einer Kurklinik die Gelegenheit gegeben, den Tod seiner Frau als zwar furchtbaren, aber überwindbaren Verlust zu akzeptieren. Er lernte, ein neues Selbst jenseits des alten Bindungs-Ichs aufzubauen und die krankheitsauslösenden Konflikte, die, wie er sagte, zwanghaft rigiden Züge seiner Persönlichkeit zu erkennen.

Eduard war affektarm und nüchtern gewesen. Seine verdeckte Homosexualität hatte er nie gelebt. Eduard eröffnete sich mir: „In der Klinik habe ich einen schwulen, zehn Jahre jüngeren Mann kennengelernt. Ich wagte es, mich in ihn zu verlieben. Unsere Liebe währte zwar nur kurz, aber sie hat mich aus dem Reich der Toten aufgeweckt. Ich bin gespannt, wie mein Leben jetzt neu weitergeht."

Was bedeutet Krankheit als *reparative Sühneleistung*? Das klingt so geheimnisvoll. Dieser unbewusste Sühneakt Krankheit kommt besonders bei Menschen mit einem rigiden Über-Ich, meist starken elterlichen und religiösen Bannbotschaften, vor. Ein Beispiel mag genügen. Friedel, ein schwäbischer Arzt, Mitte fünfzig, war eigentlich wegen der Probleme mit seiner Tochter bei mir. Am Rande erwähnte er, dass ihn längere Zeit sein sexueller Seitensprung mit seiner Sprechstundenhilfe bekümmert habe. Er könne sich diese Außenbeziehung „ums Verrecken nicht" verzeihen, obwohl er selbst das Verhältnis beendet habe und seine Frau nichts davon wisse. Friedel meinte empört gegen sich selbst: „Wie konnte ich das meiner Frau nur antun. Sie ist ein so prächtiger Mensch und hat mir immer den Rücken freigehalten. Gewiss, mit der Sexualität ist sie sparsam."

Friedel fügte seinem Bericht eine aufschlussreiche Schlussbemerkung hinzu. Der eifrige Kirchgänger und Verfechter religiöser Gebote (*Du sollst deines Nächsten Weib nicht begehren*) meinte: „Ein Jahr nach der Beendigung der Affäre bekam ich Prostatakrebs. Es gab, Gott sei Dank, keine Metastasen." Aber, so fügte Friedel in breitestem Schwäbisch befriedigt hinzu und deutete mit der Hand auf seinen Schritt: „Des war meine gerechte Strafe. Damit hab' i gsündigt!" So „befreiend" kann Krankheit als Strafe sein...

Schließlich besteht das Können der Krankheit auch in der sogenannten *narzisstischen Repara-*

tur des Ichs. Sylvia, Mutter von vier Kindern zwischen sechs und dreizehn Jahren, kam sich immer als „Putzdackel der Familie" vor. Ihr Mann war leitender Angestellter. Er sah blendend aus und genoss berufliche und öffentliche Reputation. Sylvia vermisste seine Anerkennung für ihre treue Pflichterfüllung am Arbeitsplatz Familie. Als sie, seit Jahren überarbeitet, wegen einer schweren Pneumonie ein viertel Jahr zu Hause im Bett lag, empfand sie dies wider Erwarten nicht als Dauerelend, sondern als glänzende Rehabilitation.

Sylvia: „Es tat mir gut zu erleben, dass ohne mich der Haushalt und das Familienleben zunächst einmal total zusammenbrachen. Es herrschte das blanke Chaos. Mein Mann erkannte fassungslos, wie unersetzlich seine ‚schwächere Hälfte' in Wahrheit war. Es brauchte drei Personen, um meine Arbeitskraft – von der Zuwendung einmal ganz zu schweigen – zu ersetzen: eine Putzfrau, ein Kindermädchen und die Oma. Außerdem genoss ich Aschenputtel es über alle Maßen, auf einmal Mittelpunkt der allgemeinen Fürsorge, der Ängste und Genesungswünsche zu sein. Ich thronte wie eine Kaiserin im Bett, gab meinen Lieben ‚Empfänge' und wurde gehätschelt. Meinem Mann steckt heute noch der Schock über meinen Ausfall in den Gliedern. Er behandelt mich seitdem wie ein rohes Ei." Sylvia strahlte: „Das tut meinem Selbstwertgefühl gut."

Sylvias lebensbedingter „Zusammenbruch" und ihre seelische Renaissance bildeten augenscheinlich eine untrennbare Einheit. Das meinte der Ganzheitsarzt Thure von Uexküll (in *Psychosomatische Medizin*), wenn er konstatierte: „Eine Körpermedizin ohne Seele oder eine Psychologie ohne Körper ist nicht möglich."

Fontanes Cécile: Wer die Botschaft der Seele nicht entschlüsselt

Jede Krankheit hat ihren besonderen Sinn, denn die Krankheit ist eine Reinigung; man muss nur herausbekommen, wovon. Es gibt darüber sichere Aufschlüsse; aber die Menschen ziehen es vor, über Hunderte und Tausende fremder Angelegenheiten zu lesen und zu denken, statt über ihre eigenen. Sie wollen die tiefen Hieroglyphen ihrer Krankheit nicht lesen lernen und interessieren sich … mehr für das Spielzeug des Lebens als für seinen Ernst … Hierin liegt die wahre Unheilbarkeit ihrer Krankheiten, im Mangel an und im Widerwillen gegen Erkenntnis, hierin, nicht in Bakterien.

Christian Morgenstern (1871–1914)
Werke in einem Band
München 10. Aufl. 1973, S. 416

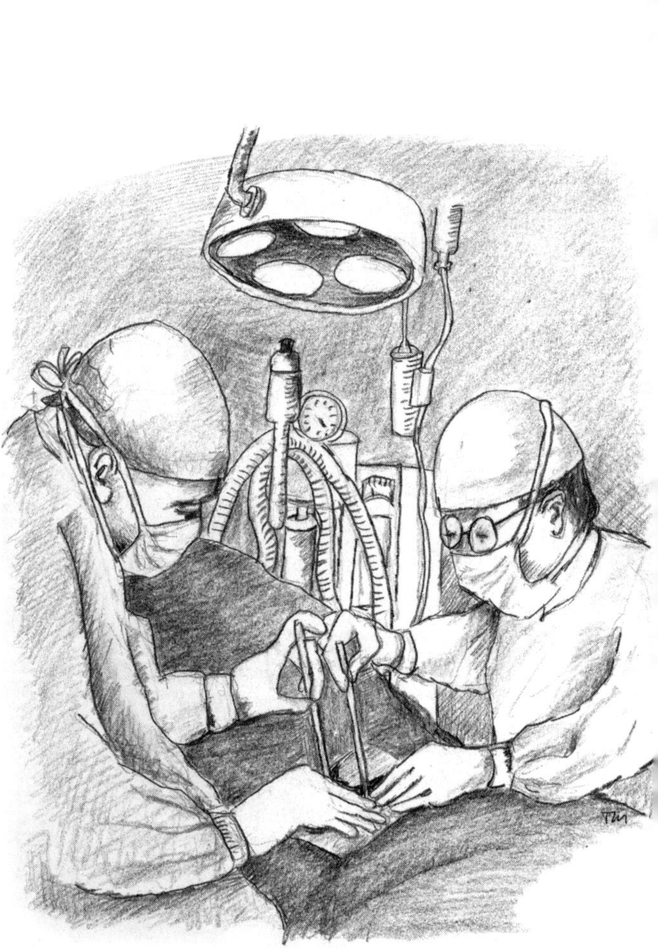
TM

Krankheit ist also Können. Man kann sie, wie wir Gestalttherapeuten es praktizieren, als imaginäres Gegenüber auf einen leeren Stuhl setzen und sie betrachten. Jungianer umkreisen das körperliche Symptom, wie Verena Kast (in H. Barz, V. Kast, F. Nager, *Heilung und Wandlung. C. G. Jung und die Medizin*, München 1991) ausführt, in einer *aktiven Imagination*, einer schöpferischen Fantasie des Unbewussten.

Gute und „schlechte“ Gefühle lösen eine physische Manifestation aus, sei es das Erröten eines Jungverliebten beim Blickgefecht mit der Angebeteten oder der verspannte Nacken einer Sekretärin, von der Verena Kast berichtet. Kast: „Es wird ihr sofort deutlich, dass ihr ‚der Chef‘ im Nacken sitzt … Ihre Spannung scheint damit zusammenzuhängen, dass sie sich kontrolliert fühlt. Diese Kontrolle verursacht eine Angstspannung. Wir sprechen nicht umsonst von der Angst, die uns im Nacken sitzt. Natürlich ist ein Teil der Spannung auf das Schreiben mit der Schreibmaschine zurückzuführen.“

Wie wir sahen, haben Krankheiten meist ihren *kairós*, ihren lebensgeschichtlich bedeutsamen

Augenblick. Sie sind nicht zufällig platziert. Wir haben das im vorigen Kapitel an der Midlife-Crisis von Rüdiger gesehen, der zwar das Jugendalter hinter sich gelassen, aber noch kein Konzept zum Älterwerden hatte. Der Eintritt in die zweite Lebenshälfte ist ein durchaus schmerzhafter Übergang ohne Rückkehr. In seinem Vortrag *Die Lebenswende* (1930) markierte C. G. Jung diese Phase als potenziellen Krisenpunkt und psychologische Sollbruchstelle: „Die sehr häufigen neurotischen Störungen des Erwachsenenalters haben alle das Eine gemeinsam, dass sie nämlich die Psychologie der Jugendphase über die Schwelle des berühmten Schwabenalters (das 40. Lebensjahr – M. J.) hinüberretten wollen."

Wie im Laufe des Tages die Sonne am Nachmittag längere Schatten wirft, so werfen auch die Krankheiten des älter werdenden Menschen tiefere Schatten. Dabei wehren sich Menschen häufig und mit nachvollziehbarem psychologischen Widerstand dagegen, sich ihre Symptome wegnehmen zu lassen. Man kann sich, wie ich es in meinem Buch *ÜberGewicht. Der Kampf mit dem eigenen Körper* (emu Verlag) an zahlreichen Fällen dargestellt habe, im „gemütlichen Elend" seines Fettes habituell einrichten. Die Alternative wäre nämlich, nicht nur radikal abzunehmen und auf die Sucht zu verzichten, sondern sich nackt und ungeschützt den eigenen neurotischen Deformationen im Wahrnehmen und Handeln („Keiner liebt mich, ich habe ja doch keine Chance") zu stellen.

Nicht von ungefähr werden viele Alkoholkranke zwar trocken, und das ist bewundernswert, aber sie werden, um im Suchtjargon zu sprechen, nicht *nüchtern*. Sie klären nicht die Entstehung und Ursachen ihrer Sucht. Sie tragen das alte Ego wie einen Mühlstein mit sich herum. Sie schwänzen den regelmäßigen Besuch der Selbsthilfegruppe („Das habe ich nicht mehr nötig") und flüchten in eine sogenannte *Suchtverlagerung*: zu Nikotin, Koffein, Süßigkeiten oder zu einer *prozessualen* Sucht wie Fernsehabusus, Computersucht, Arbeitssucht und Ähnlichem. Mancher jugendliche Kiffer bleibt an seiner Sucht und ihren Symptomen kleben, weil sie allemal leichter auszuhalten sind, als in das Gorgonenhaupt der realen Welt zu sehen. Solange genug zu kiffen da ist, bleibt der Blick für die eigene Misere, den fehlenden Schul- und Berufsabschluss, das ewig dauernde Studium, Geldmangel, Arbeitslosigkeit und Konzentrationsschwäche, der Rückzug aus dem verhassten „normalen“ Alltag, vernebelt. So lautet oft die genügsame Devise nur noch: „Morgens ’nen Joint, und der Tag ist Dein Freund!“ (Dennis Hopper in *Easy Rider*, 1969)

In diesem übertragenen Sinne sind die Drogensucht oder die an früherer Stelle erwähnte krankhafte Co-Abhängigkeit eines schwachen Mannes von einer durch Krankheiten manipulierenden Frau misslingende Versuche der Selbstheilung. Andererseits ist es geradezu verblüffend zu sehen, mit welch unbewusster Genialität Menschen auf Kränkungskrankheiten mit Selbstreparation reagieren. Manchmal schmelzen sie dabei früheres Leid zu purem Glück um. Unvergesslich ist mir der Lebensbericht einer Pädiaterin, die unter ihren sechs Geschwistern ein Aschenputteldasein ohne die wärmenden Sonnenstrahlen der Liebe führte – buchstäblich als Schattenkind. Sie kurierte sich unbewusst durch ihre Berufswahl zur aufopferungsvollen Kinderärztin. In ihrem Leben gab sie Tausenden von Kindern eben jene Zuwendung, die sie selbst so schmerzlich vermisst hatte. Sie bemutterte damit ihr eigenes inneres Kind.

Selbst im Geheimnis der Partnerwahl, von der wir bereits sprachen, schwingt diese selbstreparative und homöostatische Seelenfähigkeit des Menschen mit, sich vom starken, bewundernden oder warmherzigen Partner das zu holen, was einem selbst als Lebensproviant fehlt. Dass die Dynamik solcher ergänzenden Partnerbeziehungen, ihre meist unbegriffene *Kollusion*, natürlich auch zerstörerische Kräfte entfalten kann, hat Jürg Willi bereits vor Jahrzehnten aufgedeckt (*Die Zweierbeziehung*, Hamburg 1975).

Was aber passiert, wenn die Seelenbotschaft der Krankheit nicht oder falsch entschlüsselt wird? Dann kann es schwierig, ja lebensgefährlich werden. Grundsätzlich gilt es, mit Gerd Overbeck festzuhalten, dass Krankheit bei all ihrer möglichen Sinnträgerschaft kein *Bonum*, sondern ein *Malum* ist. Sie bedeutet das Böse der Selbstschädigung. Overbeck differenziert: „Krankheit (hat) eben auch ihren Preis und weist eine Reihe von schwerwiegenden Nachteilen auf. Ein erster prinzipieller Nachteil ist der, dass Krankheit immer eine autoplastische Lösung darstellt. Das heißt, die Lösung wird an der eigenen Person versucht und nicht dadurch, dass die Schwierigkeiten in der äußeren Realität beseitigt oder andere Personen zur Veränderung ihres Verhaltens gebracht werden… Der zweite prinzipielle Nachteil ist darin zu sehen, dass die Lösung in der Krankheit auch mit Hilfe unbewusster seelischer Prozesse vor sich geht und damit die Gefahr besteht, dass die krankheitsauslösenden Konflikte für eine bewusste Bearbeitung unerreichbar werden. Ganze Erlebnisbereiche werden abgespalten […] Sind … die Konflikte subjektiv nicht mehr existent und werden im Symptom die widersprüchlichen Motive kompromisshaft befriedigt, hat sich Krankheit, möglicherweise unkorrigierbar, als *Scheinlösung* etabliert."

Wir kennen das doch oft aus unserem Leben. Als wir akut krank waren, hat sich uns der Sinn der Krankheit nicht entschlüsselt. Wir waren ratlos. Wir nahmen das körperliche Leiden, je nach Gemütslage, erbittert, empört oder resignativ hin. Erst Jahre später werden uns die Ursachen jener

Krankheit klar. Es ging uns zu dieser Zeit nicht gut in unserer Selbstwahrnehmung, der Beziehung oder der beruflichen Stellung. Wir konnten oder wollten es nur nicht wahrhaben.

„In meiner früheren Ehe“, erklärte mir die siebzigjährige, erotisch aktive Klientin Julia, „hatte ich ständig Unterleibsgeschichten wie Blasenentzündung, Juckreiz, Pilze, Schmerzen beim Verkehr. Deswegen konnte ich auch mit meinem damaligen Mann meist nicht schlafen. In Wahrheit hasste ich seine Arroganz, Gefühlsarmut und Grobheit und *wollte* mit ihm nicht ins Bett. Meine Seele sagte Nein. Mein Körper lieferte dienstfertig die Symptome, die den Verkehr ‚unmöglich‘ machten. Am Ende meiner Ehe habe ich diese ‚Aktion Widerstand‘ meiner Seele durchschaut und mich von meinem Gatten getrennt. Wenige Jahre später fand ich ein wahres Goldstück von Mann. Alle Unterleibsbeschwerden verschwanden, als ob sie nie da gewesen wären. Ich schlafe leidenschaftlich gern mit ihm.“ Und, siehe da, bereits in der Bibel (*Die Sprüche*) können wir nachlesen: „Ein fröhliches Herz ist die beste Arznei; ein gedrücktes Gemüt dörrt das Gebein aus“ – und schafft sexuelle Probleme.

Was einem Menschen und seiner Umgebung widerfährt, wenn seine somatisierte Seelenbotschaft nicht verstanden wird, das enthüllt Theodor Fontane (1819–1898) in einem seiner besten Romane aus der zeitgenössischen Offiziers- und Adelswelt, *Cécile*. Der Roman erschien 1886. Der undurchsichtige Oberst außer Diensten Pierre von St. Arnaud führt mit seiner um zwanzig Jahre jüngeren Frau, der schönen und schwermütigen Cécile, eine Ehe, die nur noch um der Konvention, nicht um der Liebe willen aufrechterhalten wird. Der nunmehr sechzigjährige Oberst hatte einst wegen dieser nicht standesgemäßen Verbindung mit Cécile den Dienst quittieren müssen. Er ist seither ein verbitterter, egozentrischer Mensch geworden und zum süchtigen Spieler herabgesunken.

Der Begriff „nicht standesgemäß" verharmlost Céciles Außenseiterrolle. Tatsächlich war die Tochter einer verarmten Kleinadeligen als Mätresse mit dem alten Fürst von Welfen-Echingen und nach seinem Tod mit dessen Neffen als Geliebte verkuppelt worden. Für ihre Liebesdienste als „Teefräulein" bekam Cécile ein kleines oberschlesisches Gut übertragen.

Gesellschaftlich gilt dies als ein Skandal, der Cécile stigmatisiert. Sie fühlt sich hilflos und leidet an chronischer „Nervenschwäche“, was immer diese konventionelle Bemäntelung der tieferliegenden Seelentragödie bedeuten soll. Da ist die Rede vom *Mattigkeitsausdruck ihrer Züge*, ihrem chronischen Frösteln, ihren unzureichenden Nerven und Erschöpfung, ihrem schuldbewussten Blick und ihrer *Melancholie, brennenden roten Flecken im Gesicht und verweinten Augen.* Cécile habe, so heißt es, ein *eingezwängtes Herz.*

Als ehemalige adelige „Kokotte“ ist Cécile gebrandmarkt. Ihr Mann Pierre von St. Arnaud hat ihretwegen im Duell den Stabsoffizier von Dzialinski getötet, der die Rücknahme der Verlobung mit Cécile gefordert hatte. Cécile kann ihren Ehrverlust nicht verkraften. „Nun denn, die Gesellschaft hat mich in den Bann getan“, klagt sie, „ich seh’ es und fühl’ es, und so leb’ ich denn von der Gnade derer, die meinem Hause die Ehre antun. Und jeden Tag kann diese Gnade zurückgezogen werden.“

Die Tragödie spitzt sich zu, als sie den jungen Zivilingenieur Gordon Leslie auf einer Kur im Harz kennenlernt. Dieser ist ein charmanter Mann von schwankendem Charakter. Er verliebt sich in die schöne Cécile und sucht sie im Berliner Haus der Arnauds auf. Cécile gesteht widerstrebend ihre Gegenliebe, weil sie bei der Kälte ihres Mannes nach Anerkennung und Zuneigung hungert. Ohne Selbstbewusstsein, von ihrer geheim gehaltenen, aber auf die Dauer nicht zu vertuschenden Vergangenheit verunsichert, ist Cécile ein leichtgewichtiger Federball in der Männerwelt. Sie entspricht, wie die Germanistin Claudia Weber in ihrer sozialgeschichtlich pointierten Magisterarbeit (*Nur eine überlebt. Untersuchungen zum Frauenbild bei Lessing und Fontane anhand ausgewählter Beispiele*) registriert, „dem typischen Bild der Femme fragile des ausgehenden 19. Jahrhunderts". Claudia Weber: „Cécile braucht immer wieder Bestätigung von außen, da sie nie gelernt hat, aus sich selbst zu schöpfen."

Die drohende Katastrophe bricht aus, als der labile Gordon Céciles Vergangenheit recherchiert: „Fürstengeliebte, Favoritin in duplo (in

Doppelausführung – M. J.), Erbschaftsstück von Onkel auf Neffe und dazwischen der Kammerherr – ein Schatten, der sich schließlich gesträubt hatte, sich zum Ehemann zu verdichten."

Was nützt es Cécile, dass ihr von den Ärzten eine Herzkrankheit attestiert wird und sie Digitalis einnehmen muss. Ihre Krankheit liegt tiefer. Ihre Symptome werden als *Capricen* abgetan – „Hysterikerinnen" wird man in Freuds patriarchaler Ära diese um Liebe und Sexualität betrogenen Frauen nennen. Die Lage ist hoffnungslos verworren. Auch Gordon, der Liebhaber in spe – es kommt zu keinem Vollzug dieser Verliebtheit –, sieht nur die äußere Unstimmigkeit Céciles und ihrer Ehe. „Dass sie nervenkrank ist, ist augenscheinlich", bemerkt er, „aber der Oberst (vielleicht, weil es ihm passt) macht unter Umständen mehr davon als nötig. Er mag übrigens, was diesen Punkt angeht, in einer ziemlich heiklen Lage sein, denn nimmt er's leicht, wo sie's vorzieht, krank zu sein, so verdrießt es sie, und nimmt er's schwer, wo sie's vorzieht, gesund zu sein, so verdrießt es sie kaum minder."

Gordon maßt sich Besitzansprüche gegenüber Cécile an, die gesellschaftlich doch als Freiwild gilt. Er beleidigt ihren – belanglosen – Begleiter in der Loge der Oper und stürzt anschließend eifersüchtig zu ihr in die Wohnung, wo es eine heftige Auseinandersetzung gibt. Der Oberst von St. Arnaud hört von Gordons nächtlichem Besuch. Er fühlt zum zweiten Mal seine Offiziersehre verletzt. Er fordert Gordon, den Zwängen seines Standesdünkels folgend, zum Duell und tötet ihn.

Der Ausgang dieser Irrungen und Wirrungen ist ebenso standes- wie geschlechtstypisch: St. Arnaud entzieht sich dem drohenden Prozess durch eine Flucht an die Riviera. Er bagatellisiert in einem Brief den Ehrenhändel, der in Wahrheit Céciles gesellschaftliches Ende bedeutet. Über Gordon, den er getötet hat, und über Céciles Seelenverwirrung äußert er sich mit der Frivolität seiner Offizierskaste: „Dass Du mit ein paar Herzensfasern an ihm hingst, weiß ich und war mir recht – eine junge Frau braucht dergleichen. Aber nimm das Ganze nicht tragischer als nötig: die Welt ist kein Treibhaus für überzarte Gefühle.“ Cécile wird diesen Brief nicht mehr lesen können. Sie hat sich erschossen. „Der Ausdruck ihrer Züge", heißt es bei Fontane, „war der Ausdruck derer, die dieser Zeitlichkeit müde sind".

Céciles „Nervenschwäche" und Herzinsuffizienz wollen etwas sagen: Sie sind „Zeichen für ihre vergewaltigte Seele" (Weber). Cécile reagiert unbewusst über ihren Körper, weil sie als berufslose, zum Männerobjekt erzogene Frau der Adelsklasse weibliche Gleichberechtigung und Mündigkeit nie lernen durfte. Passiv zerbricht sie an den Konventionen ihrer adeligen Schicht, die im Geburtsstadium des bürgerlichen Hochkapitalismus in Auflösung begriffen ist und sich daher umso mehr an ihre alten Formen klammert. Doch weder Cécile noch ihre Umgebung verstehen die Sprache ihrer Psychosomatik. Die Akteure dieses Untergangs sind Analphabeten gegenüber den körperlichen Hilfeschreien einer wunden Seele. Cécile „erkrankte in einer Gesellschaft, in der sie nicht sie selbst sein darf" und in der sie „den Projektionen der Männerfantasien unterworfen ist" (Weber). Ihre Schwermut ist eine zeittypische weibliche Implosion, ihr Suizid die autoplastische Endlösung – wenn ich schon nicht leben darf, so kann ich doch wenigstens sterben.

Wir sehen, die Deutung oder Sinnverdrängung einer Krankheit kann im Extremfall über Leben und Tod entscheiden. Ein zweites berühmtes literarisches Beispiel finden wir in Thomas Manns Spätwerk *Die Betrogene* (1953). „In den Zwanzigerjahren unseres Jahrhunderts lebte in Düsseldorf am Rhein, verwitwet seit mehr als einem Jahrzehnt, Frau Rosalie von Tümmler mit ihrer Tochter Anna und ihrem Sohne Eduard in bequemen, wenn auch nicht üppigen Verhältnissen", so lautet der berühmte Eingangssatz. Die Tochter Anna hinkend, eine „schlechte Partie", ist unverheiratet geblieben und wohnt bei ihrer Mutter. Das goutiert „Rosalie aus einfachem Egoismus, weil sie die Tochter lieber als Hausgenossin und Lebensgefährtin behielt, als sie einem Manne abzutreten".

Schmerzlich nimmt die Fünfzigjährige die klimakterische Menopause wahr. Langsam bleibt ihre Periode aus. Gegenüber Anna bekennt die lebensverliebte Frau ihren Schmerz über die Wechseljahre: „Glaube mir: ich wollte beliebige Leibwehen in Kauf nehmen, wenn es mir noch ginge wie dir. Aber leider will es mit mir nicht mehr so gehen, immer spärlicher und unregelmäßiger geschah es mir, und seit zwei Monaten schon ist es überhaupt nicht mehr eingetreten." Rosalie: „Wenn es uns nicht mehr geht nach der Weiberweise, dann sind wir eben kein Weib mehr, sondern nur noch die vertrocknete Hülle von einem solchen, verbraucht, untauglich, ausgeschieden aus der Natur. Mein liebes Kind, das ist sehr bitter."

Rosalie will vom „verehrten Matronenstande" noch nichts wissen: „Die Anpassung der Seele an die neue Körperverfassung, die ist das Schwierigste." Das Unerhörte, für damalige bürgerliche Verhältnisse nachgerade Skandalöse passiert: Rosalie verliebt sich in einen vierundzwanzigjährigen Mann. Das Objekt ihrer zunächst verschämten, dann immer blühenderen Begierde ist Ken Keaton, ein harmloser amerikanischer Naturbursche und Englischlehrer des Primaners Eduard. Ken ist „jugendlich kräftig, mit langen Beinen und schmalen Hüften". Rosalie zeigt sich verliebt wie ein Backfisch, zugleich überwältigt von „Scham, Schrecken und Wonne". Sie klagt mit lustvoller Selbstpeinigung: „Großer Gott, ich liebe ihn ja, liebe ihn, wie ich nie geliebt, ist das denn zu fassen? Bin ich doch zur Ruhe gesetzt, von der Natur in den milden, würdigen Matronenstand überführt. Ist es da nicht ein Gelächter, dass ich noch Wolllust pflegen soll, wie ich es tue, in meinem verschreckten, wonnevollen Gedanken bei seinem Anblick, beim Anblick seiner Götterarme, von denen umschlossen zu sein mich wahnsinnig verlangt, seiner herrlichen Brust, die ich in Jammer und Begeisterung unter dem Trikot sich abzeichnen sah? Bin ich eine schamlose Alte?"

In der Moderlust des Geheimganges im Benrather Schloss gesteht Rosalie ihrem Ken die Liebe. Sie kündigt ihm an, ihn am Morgen auf seiner Stube aufzusuchen und ihm anzugehören. Noch ist kein Kuss gefallen, da glaubt Rosalie bereits, wieder zu menstruieren. Sie verkündigt die vermeintliche weibliche Wiedergeburt der Tochter mit hymnischen Tönen: „Triumph, Anna, Triumph, es ist mir wiedergekehrt, mir wiedergekehrt nach so langer Unterbrechung, in voller Natürlichkeit und ganz wie es sich schickt für eine reife, lebendige Frau! Teures Kind, welches Wunder! Was tut die große, gute Natur für ein Wunder an mir und segnet damit meinen Glauben!... Beglückwünsche mich,

Liebe, denn ich bin sehr glücklich! Bin ich doch wieder Weib, ein Vollmensch wieder, eine fähige Frau, darf mich würdig fühlen des Mannes Jugend, die es mir angetan, und brauche vor ihr nicht mehr im Gefühl der Ohnmacht die Augen niederzuschlagen. Die Lebensrute, mit der sie mich schlug, hat nicht nur die Seele, hat auch den Körper getroffen und ihn wieder zum fließenden Brunnen gemacht."

Doch Rosalie von Tümmler kann den Termin der Liebesvereinigung mit Ken Keaton nicht wahrnehmen. In der Nacht zuvor befällt sie schwere Unpässlichkeit: „Das, was sie bei erster Wiederkehr so stolz, so glücklich gemacht, was sie Wundertat der Natur und hohes Werk des Gefühls gepriesen, erneuerte sich auf eine unheilvolle Weise. Sie hatte die Kraft gehabt, zu klingeln, aber ohnmächtig fanden die Herbeieilenden, Tochter und Magd, sie in ihrem Blut."

Ein Gebärmutterkrebs, dessen Anzeichen sie als Wiederkehr des weibliches Blutflusses und als Verjüngung missverstanden hatte, macht ihrem Leben ein rasches Ende. Rosalie ist eine Betrogene, sie hat die Sprache ihrer Organe falsch verstanden. Gleichwohl findet die Sterbende, deren Bauchhöhle und Beckenorgane unrettbar von dem Verderben der mörderischen Zellenansiedlungen befallen sind, auf dem Sterbebett eine Deutung des Geschehens, die der Tochter und wohl auch dem Leser Hochachtung abnötigt. „Anna“, sagt Rosalie, „sprich nicht von Betrug und höhnischer Grausamkeit der Natur. Schmäle nicht mit ihr, wie ich es nicht tue. Ungern geh' ich dahin – von Euch, vom Leben mit seinem Frühling, aber wie wäre denn Frühling ohne den Tod? Ist jedoch der Tod ein großes Mittel des Lebens, und wenn er für mich die Gestalt lieh von Auferstehung und Liebeslust, so war das nicht Lug, sondern Güte und Gnade.“

Nicht nur die Krankheit, so scheint es, sondern auch das Sterben ist ein Können.

Der Patient und der Arzt: Die Last des Daseins

Vor einer Betonwand lagern in fahlem Neonlicht neben Werkzeugen und Kisten mit Zeitungen drei Leichenbahren, dazu zwei Zinkblechkisten mit geknetetem Fett, bei einem Fieberthermometer und Reagenzglas, darin ein Vogelschädel. Auf zwei Schultafeln an der Wand steht in Kinderschrift geschrieben: „Zeige Deine Wunde". Anfang 1976 hat Joseph Beuys diese Szene in einem Fußgängertunnel der Münchner Innenstadt installiert: Mitten im Trubel der Großstadt werden die Passanten daran erinnert, wie verwundbar und sterblich sie sind. „Zeige Deine Wunde!", das scheint kinderleicht und ist doch bis ins hohe Alter untragbar schwer.

Bischof Franz Kamphausen
(FAZ 18.11.2005)

218
207

Krankheit und Tod sind aus dem Sein des Menschen nicht wegzudenken, das zeigen sowohl die Schicksale von Cécile und der „Betrogenen“ als auch die Installation des Künstlers Beuys. Aber genau diese Seinsvergessenheit ist ein Geburtsfehler der Hightech-Medizin und ihrer Mediziningenieure.

Der Arzt Dieter Beck diagnostizierte aus seiner klinischen Erfahrung das gleiche Übel: „Krankheit, Leiden und Tod sind jene unfassbaren und oft absurden Seiten unserer Existenz, die besonders verleugnet, abgespalten und verdrängt werden ... Das Schwache, Negative und Kranke wird als etwas Vorübergehendes betrachtet, das mit zunehmender medizinischer Forschung und technischer Entwicklung ganz behebbar werden soll. Mit Hilfe einer Allmachtsillusion wird die tatsächliche Ohnmacht verschleiert. Latente Ewigkeitsillusionen sollen uns den Schock der Vergänglichkeit ersparen. In der Krankheit und im Sterben, in der Begegnung mit dem leidenden Menschen und allen Angehörigen wird unsere Ohnmacht aber besonders manifest.“

Der Patient wie sein Arzt haben an der Last des Daseins zu tragen. Sie können ihr nicht ausweichen. Ein kurzer philosophischer Exkurs mag diese existenzielle Situation erhellen. Die Natur selbst ist in ihrem darwinistischen Kampf ums Dasein eine grausame Inszenierung von Tod und Leben.

Thomas Mann hat dies einmal (Tagebuch, 18.01.1938) in einer beklemmenden naturwissenschaftlich-philosophischen Miniatur festgehalten: „Der Flügelkäfer, der, um seinen Jungen für die Zeit nach seinem Tode frisches Fleisch zu schaffen, Spinnen und anderen Insekten genau das motorische Zentrum durchbohrt, so dass sie lebend-unbeweglich sind. Die naive, selbstverständliche, ruhige und stumme Grausamkeit und Niedertracht der Natur. Dabei okkult in der Genauigkeit des Wissens und Könnens im Dienst der Arterhaltung."

Goethe bezeichnete das „Schauspiel" der Natur als immer neu, weil sie immer neue Zuschauer schaffe: „Leben ist ihre schönste Erfindung, und der Tod ist ihr Kunstgriff, viel Leben zu haben." (*Fragment über die Natur*). In einem Brief an

Charlotte von Stein (20. 12. 1781) wünscht er allerdings, „möge doch das Schicksal jedem, den es gibt, einen Tod geben, der so analog zu seinem Leben sei".

Versucht man Krankheit und Tod existenzphilosophisch zu verorten, so wären sie wohl im Begriff der *Angst* anzusiedeln. Heidegger spricht in seinem Fundamentalwerk *Sein und Zeit* (1927) von der Herrschaft des *Man* als der Herrschaft der *Anderen. Man* verhält sich so. *Man* kleidet sich so. *Man* hat diese und jene Meinungen. Das *Man* ist die Herrschaft der Durchschnittlichkeit: „Jeder ist der Andere und keiner er selbst."

Demgegenüber würdigt Heidegger als geistiger Schüler des ersten Existenzphilosophen Sören Kierkegaard die Grundbefindlichkeit der Angst als eine „ausgezeichnete Erschlossenheit des Daseins". Heidegger notiert: „Wovor die Angst sich ängstigt, ist das In-der-Welt-Sein selbst", denn dieses bedeutet Krankheit, Tod und *Sorge*. Die Angst ist kein Negativum an sich, sondern ein Medium der Selbstfindung und des mündigen Selbstentwurfs: „Allein in der Angst liegt die Möglichkeit eines ausgezeichneten Erschließens, weil sie vereinzelt. Diese Vereinzelung holt das Dasein aus seinem Verfallen zurück und macht ihm Eigentlichkeit und Uneigentlichkeit als Möglichkeiten seines Seins offenbar."

Das heißt, die ontologische Verunsicherung des Menschen durch seine Anfälligkeit für Krankheit und seine Bestimmung zum Tod gibt ihm die Möglichkeit des Freiseins für eigentliche Möglichkeiten. Erst dieser Verstehenshorizont hilft uns, wie der Arzt und Daseinsanalytiker Ludwig Binswanger formulierte, die „Formen missglückten Daseins" zu meiden.

Der Mensch ist das Wesen, das an seinem Dasein selbst leidet. Er ist verletzbar und verletzend. Mit seiner Zerbrechlichkeit muss er die Unvollkommenheit des Daseins ertragen: sein Ungeborgensein, sein Vereinsamtsein, seine Unzufriedenheit mit der Unvollkommenheit und der Endlichkeit alles Bestehenden. Das In-der-Welt-Sein als unvollkommenes Sein endet folgerichtig mit dem Skandal des Todes. Meine Gegenwart in der Welt ist eine anekdotische und episodenhafte. In dieser ontologischen Ängstigung liegen unsere Ohnmacht und unsere Macht.

Gegen die Tragödien des Daseins sind wir grundsätzlich nicht gefeit. Wir sind suchende Kreaturen in einer Welt, der von sich aus kein Sinn innewohnt. Hermann Hesse hat das schön formuliert: „Wir verlangen, das Leben müsse einen Sinn haben, aber es hat nur ganz genau so viel Sinn, als wir selber ihm zu geben imstande sind."

Die körperliche und seelische Verwundbarkeit ist also eine *conditio sine qua non,* eine unvermeidbare Grundbedingung für die menschliche Entwicklung. Krankheiten und neurotische Wahrnehmungs- und Handlungsverzerrungen haften wie ein Zweikomponentenkleber oft lebenslang an uns. Nicht zuletzt aus dieser intimen Neurosenstruktur wählen wir unsere Berufe, treffen wir die Partnerwahl und fällen lebenswichtige Entscheidungen. Es ist gut, wenn der mündige Patient und sein Arzt von dieser Last des Daseins wissen. Nur dann kann nämlich aus dem Existenzial der Angst eine Haltung der Achtsamkeit, der Fähigkeit zur Selbsterkenntnis und Selbstkorrektur erwachsen.

Es ist dabei wichtig, zwischen *Krankheit* und *Kranksein* zu unterscheiden. *Kranksein* meint den Kranken als Subjekt, seine innere Befindlichkeit. *Krankheit* ist das abgehobene Objekt. Wie heißt es in Kliniken so nüchtern: „Die Niere von Zimmer 17, der Blinddarm von Zimmer 12“ …

Es ist das nicht hoch genug einzuschätzende Verdienst Viktor von Weizsäckers, den Blick auf die Einführung des Subjekts in die Medizin gerichtet zu haben. Damit fokussiert er die Individualität des Kranken, seine Biografie und Sozialität, sein Umfeld und seine Lebenskrise. Er rückt damit die Frage nach dem Sinn der Krankheit ins Bild und löst die Verengung der naturwissenschaftlichen Medizin auf. Mit seiner Lehre von den „fünf pathischen Kategorien“ (*Dürfen, Müssen, Wollen, Sollen, Können*) und Schlüsselwörtern wie *Identität, Begegnung, Entfremdung* richtete von Weizsäcker den respektvollen Blick auf den kranken *Menschen*.

Von Weizsäcker forderte die Unterordnung der – durchaus segensreichen und unerlässlichen – wissenschaftlichen Diagnostik und

Therapie unter das Subjekt *Mensch*. Der Patient dürfe nicht reduktionistisch als Objekt des Medizinbetriebs behandelt werden. Dies sei eine Entwürdigung des Kranken. Eine meiner Patientinnen klagte einmal, sie sei im Aachener Universitätsklinikum, das wie eine „Chemiefabrik" aussähe, „wie ein Schmetterling" aufgespießt, analysiert und „wie eine Laborratte" medikalisiert worden.

Der Novellist und Märchenerzähler Wilhelm Hauff (1802–1827) schenkt uns in seiner Geschichte *Die Sängerin* einen ganzheitlichen Gegenentwurf. Er lässt einen Hausarzt sagen: „Der Arzt hat an manchem Bette mehr zu tun, als nur den Puls zu fühlen, Wunden zu verbinden und Mixturen zu verschreiben. Glauben Sie mir, wenn man so allein bei einem Kranken sitzt, wenn man den inneren Puls der Seele unruhig pochen hört, wenn man Wunden verbinden möchte, die niemand sieht, da wird auf wunderbare Weise der Arzt zum Freunde, und der geheimnisvolle Zusammenhang zwischen Körper und Seele scheint auch in diesem Verhältnisse auffallend zu wirken."

Was ist von Seiten des Patienten zu tun? Er muss Arzt und Seelenkundler seiner selbst werden. Er könnte das Wort des Aufklärers Gotthold Ephraim Lessing (1729–1781) beherzigen: „Kehret den Blick in Euch selbst! In Euch sind die unerforschten Tiefen, worin Ihr Euch mit Nutzen verlieren könnt. Hier untersucht die geheimsten Winkel. Hier lernet die Schwäche und die Stärke, die verdeckten Gänge und den offenbaren Ausbruch Eurer Leidenschaften! Hier richtet das Reich auf, wo Ihr Untertan und König seid! Hier begreifet und beherrschet das Einzige, was Ihr begreifen und beherrschen sollt: Euch selbst." (*Gedanken über die Herrnhuter*)

Krankheit als Lebenskunst also und Restabilisierung von Lebensprozessen. Schmerz ist dabei nicht nur für den Arzt, sondern auch für den Patienten der große Lehrmeister. Schmerz vermittelt unabweisbar das Gefühl der eigenen Existenz. Die Last des Daseins drückt im Schmerz. Die Krankheit belehrt uns über unsere Abhängigkeit, Bedürftigkeit und nackte Kreatürlichkeit. Der Leib speichert nach dem Schaltplan „Die Zelle vergisst nichts" die Defizite und Kränkungen der Vergangenheit und erinnert uns in seinem schwankenden Gleichgewicht an die Endlichkeit unseres Daseins.

Unser Körper spiegelt die Pflege oder die Verwahrlosung wider, die wir ihm angedeihen lassen. Er zeigt uns in den Signaturen der lädierten Haut, des Übergewichtes, der Aufschwemmung, der kranken Gelenke, des schleppenden Ganges, der Kurzatmigkeit, der rheumatischen Schmerzen die Geschichte der Kränkungen, die wir selbst ihm zugefügt haben. Das ist ein Appell, liebevoll mit unserem Körper-Ich umzugehen – uns gesund zu ernähren, uns kraftvoll zu bewegen, Arbeit und Muße, Schwimmen und Sonne zu genießen und Genussmittel wie den Alkohol für die festlichen Stunden des Lebens zu reservieren.

„Die größte Zahl der Menschen stirbt keines natürlichen Todes", konstatiert Seneca, „sondern mordet sich selbst durch eine verkehrte Lebensweise". Erst die Bereitschaft, unser Leben zu ändern, zeigt, dass wir das Signal unserer Krankheit verstanden haben.

Wir Männer sollten dabei besonders auf die liebevolle Selbstkorrespondenz mit uns achten. Denn es ist das rollenspezifische Verhalten, das Männer im Durchschnitt kürzer leben lässt. Gegenwärtig beträgt die statistische Lebenserwartung des deutschen Mannes fünfundsiebzig Jahre – Frauen werden dagegen im Durchschnitt fast einundachtzig Jahre alt. Die Männerrolle ist riskanter. Männer sterben häufiger an Arbeitsunfällen, Berufskrankheiten, Auto- und Sportunfällen, an der alkoholbedingten Leberzirrhose und dem (Raucher-)Lungenkrebs.

Der Spiegel fasst in einer gründlich recherchierten Reportage unter dem Titel *Das zerbrechliche Geschlecht* (36/2001) die fatale menschliche und medizinische Situation des Mannes so zusammen: „Jenseits des 50. Lebensjahres fangen die jahrelangen chronisch ungesunden ‚typischen männlichen' Verhaltensweisen an, sich auszuwirken. Denn während Frauen pfleglicher mit ihrem Körper umgehen, ernähren sich Männer im Ganzen ungesünder und sind im Durchschnitt über alle Altersklassen hinweg dicker. Männer rauchen mehr und gehen seltener zur Vorsorge... Überrepräsentiert im

Vergleich zu Frauen sind Mörder, Totschläger, Selbstmörder, Alkoholiker, Unfalltote, allgemeine Kriminelle." *Der Spiegel* fragte: „Was läuft falsch im Seelenleben des Mannes?"

Frauen nehmen häufiger medizinische Leistungen in Anspruch. Sie bekennen sich auch zu „peinlichen" Diagnosen wie der Depression oder der Angstkrankheit. Männer haben traditionell Vorbehalte, ihre Defizite offenzulegen – und damit vermeintlich „Schwäche" zu zeigen – und verbergen sie deshalb eher. Die *Compliance*, die Bereitschaft des Patienten, sich auf die Therapie einzulassen und sich unbequemen seelischen Fragen zu stellen, ist bei Frauen folglich höher als bei Männern. Frauen informieren sich genauer über Krankheiten und Therapiemöglichkeiten. Frauen reden über ihre Gefühle, machen naturheilkundliche und gesundheitsorientierte Ausbildungen.

Vor allem können Frauen leichter *Hilfe* annehmen. Genau *das* jedoch ist die Crux vieler Männer. Wie sagte mir einmal ein leitender Angestellter drastisch: „Ich verrecke lieber, als dass ich zur Kur gehe."

Zwischen dem Patienten und seinem Arzt gibt es unsichtbare Bündnisse. Der Arzt Michael Balint, der die berühmten selbstreflektierenden Ärztegruppen gründete, hat diese unsichtbaren Bündnisse in seinem Werk *Der Arzt, sein Patient und die Krankheit* (7. Aufl. Stuttgart 1988) untersucht und gedeutet. Er vermeidet das bösartige Wort „Flucht in die Krankheit" und spricht stattdessen barmherziger von der „Zuflucht" des Patienten: „Wir glauben nämlich, dass manche Menschen, die aus irgendeinem Grunde mit den Schwierigkeiten ihres Lebens nicht fertigwerden, ihre Zuflucht in eine Krankheit nehmen. Wenn der Arzt die Möglichkeit hat, sie in den ersten Stadien des Erkrankens zu sehen, das heißt bevor sie sich auf eine bestimmte ‚organisierte' Krankheit festgelegt haben, so kann er beobachten, dass diese Patienten ihm sozusagen *verschiedene* Krankheiten anbieten oder vorschlagen und gegebenenfalls so lange neue Krankheiten zur Auswahl bringen, bis sich zwischen ihnen und dem Arzt Übereinstimmung einstellt, das heißt beide eine der Krankheiten als begründet anerkennen... Die einem Menschen zur Verfügung stehende Auswahl an Krankheiten ist durch seine Konstitution, seine Erziehung, soziale Stellung, seine bewussten und unbewussten Ängste und Krankheitsvorstellungen begrenzt."

Der Arzt ist nach der Beobachtung Balints eher stolz auf die Augenblicksdiagnose einer organischen Krankheit, statt sich mit ihren möglichen psychischen, also lebensbedingten Ursachen auseinanderzusetzen. Der Arzt steht überdies unter Zeitdruck und ist auf psychologische Untersuchungen nicht trainiert. So verschwindet die Seele im klinischen Alltag. Balint: „Jedenfalls weiß ich von keiner Klinik, wo den psychischen Nöten eines Patienten auch nur so viel Routinebebachtung geschenkt würde wie z. B. seinem Stuhlgang."

Ein besonderer Skandal ist es, wie in den meisten Kliniken Patienten nach Suizidversuchen zwar medikamentös behandelt, aber ihre Seelen im Stich gelassen werden. In meinem Buch *AussichtsLos. Selbsttötung* (emu Verlag) habe ich das dargestellt. In den meisten Krankenhäusern ist noch nicht einmal ein Hauspsychologe vorhanden. Allein in Hamburg werden jährlich viertausend Menschen nach Suizidversuchen eingeliefert! Ohne jede seelische Hilfestellung landen die meisten von ihnen nach kurzem Klinikaufenthalt wieder zu Hause und bleiben sich selbst überlassen.

Vielleicht sollten Ärzte, meint Balint, weniger die Zunge als die Persönlichkeit ihres Patienten anschauen. Die Patienten ihrerseits delegieren nach Balint ihre Not an den *Halbgott in Weiß* und stecken oft voll kindlichem Chaos: „Kein Wunder also, dass in dem ‚schwierigen Patienten'… alle die Ängste, Animositäten und Versagungen, das blinde Vertrauen und der böse Argwohn seiner Kindheit wieder mobilisiert werden. Das erklärt, warum so viele Patienten auf überraschend infantile Beziehungsformen zu ihrem Arzt zurückgreifen, wie völlige Unterwerfung, blindes Schwören auf das Wort des Arztes, oder aber unrealistische, fast irrsinnige Auflehnung, Lächerlichmachung und Entwertung von allem, was der Arzt vorschlägt; und schließlich die besonders lästige Methode, den einen Arzt geschickt gegen den anderen auszuspielen." Wie warnt dagegen das chinesische Sprichwort: „Ein Arzt kann die Krankheit, nicht jedoch das Schicksal bessern."

Gleichzeitig verliert sich der Patient oft im Labyrinth der Spezialisten. Wer soll die ganzheitliche Therapie des Patienten durchführen? Die Existenz von über 300 000 klinischen und niedergelassenen Ärzten in der Bundesrepublik garantiert noch lange nicht diese leib-seelische Würdigung des Kranken. Balint resümiert: „Im großen Ganzen kann die heutige Medizin sich das nicht leisten, weil sie in viele, wenn auch hochgezüchtete Spezialitäten aufgeteilt ist. Keine dieser Spezialitäten scheint an Beschwerden ‚psychogenen Ursprungs' interessiert zu sein oder verfügt über Methoden, wie sie zu behandeln wären. Auch die Psychiatrie muss weitgehend mit derselben allgemeinen Einschränkung genannt werden. Sie ist in ihrem Denken und ihren pathologischen Theorien in erster Linie physiologisch orientiert... Das Denken in psychologischen Kategorien steckt noch in den Kinderschuhen."

Am Ende einer langen, einseitig physikalisch-chemischen Ausbildung mangelt es vielen Ärzten an psychosozialer Kompetenz. Wohl nicht zufällig beginnt die ärztliche Prägung der Medizinstudenten im Anatomiesaal – mit der Sektion einer *Leiche*.

Wie steht es, nachdem wir so lange das Elend der Patienten betrachtet haben, mit der Situation des Arztes? Sind Ärzte glücklich bei ihrer Arbeit? Betrachten wir die Welle von Streiks und die Personalsituation an deutschen Kliniken, scheinen sich solcherlei Fragen zu erübrigen. Der erfahrene Bockhorner Hausarzt Dr. Joachim Hensel gibt darauf in seinem Ratgeber *Erfolgreiche Gesundheitsberatung. Unzensierte Gedanken eines Arztes zur Krankheitsvorbeugung* (Lahnstein 2004) dennoch eine Antwort, die von Sympathie und Verständnis für seine überforderten Kolleginnen und Kollegen getragen ist:

„Im Jahr 2002 wurde eine Umfrage unter siebentausend Ärzten gemacht: 60 % der Ärzte fühlten sich ausgelaugt, am Tagesende völlig erledigt. Sie beschreiben ihr Tun als ‚Arbeit in der Endlosschleife'. Weltweit ist das Phänomen der ‚unhappy doctors' bekannt. Das findet seinen Niederschlag in der erhöhten Suizidrate unter den Doktoren, in Depressionen, Abhängigkeitsproblemen, zum Beispiel mit Alkohol oder Tabletten, wie etwa mit Sedativa oder Opiaten. Aber auch Trennungs- und Scheidungsfälle liegen hoch über dem Durchschnitt, oft verbunden mit einem persönlichen und finanziellen Desaster.

Ob die Ärzte zufrieden sind in ihrem Beruf, ermittelte die Umfrage. Über 80 % der Ärzte sagten *Nein*. Weiter wurde gefragt, ob sie sich zurzeit glücklicher in ihrem Beruf fühlen als vor 5 Jahren. Über 65 % sagten: *Nein, weniger glücklich*. Nur 7 % sagten: *Ja, glücklicher*. Ob die Wertschätzung, die man als Arzt in der Gesellschaft erfährt, in den letzten Jahren zugenommen hat. Fast 60 % sagten: *Nein, abgenommen*. Nur 1 % sagte: *Ja, zugenommen*.

Eher überraschend, wenn auch durchwachsen lautete die Antwort auf die letzte Frage, "Würden Sie sich heute, nach Ihren Erfahrungen wieder für den Arztberuf entscheiden?" 60 % sagten: "*Ja, ich würde wieder Arzt werden! Ich bin zwar unzufrieden, aber ich quäle mich gern!*" Joachim Hensel konstatiert: "Können unzufriedene Ärzte zufriedene Patienten haben? Natürlich nicht!"

Auch Ärzte haben also zu lernen. Balint meint: „Wenn der Arzt im Stile der üblichen Anamnese fragt, so erhält er eben Antworten auf seine Fragen – aber weiter auch nichts. Wenn er zu einer ‚tieferen' Diagnose kommen will, so muss er erst einmal lernen *zuzuhören*." Das kann den Arzt (wie den Psychotherapeuten) manchmal erschüttern. Balint: „Die rückhaltlose Bloßlegung des intimen Lebens eines Patienten mit all seinen Kümmernissen, wichtigen und tiefgreifenden Ängsten und getäuschten Hoffnungen, wenigen und oft sehr unsicheren Freuden ist eine erschütternde Erfahrung. Und die Hilfe, an die man denken und die man bieten kann, ist oft der Not gegenüber ganz inadäquat. Infolgedessen erwächst in dem Arzt, besonders zu Anfang, ein Gefühl empörter Ohmacht und des Zornes über die Ungerechtigkeit und Sinnlosigkeit des Lebens."

Ausdrücklich ermuntert Balint jeden Arzt, auch wenn er keine psychotherapeutische Zusatzausbildung hat, zur seelenärztlichen Tätigkeit: „Der praktische Arzt, der interessiert ist und ein gewisses Maß an psychotherapeutischem Wissen und Können erworben hat, kann weitergehen und in seiner Praxis mit ‚kleiner Psychotherapie' experimentieren." Dabei sollte der Arzt, nicht anders als der Psychotherapeut, im Rahmen seiner Ausbildung zunächst einmal mit sich selbst beginnen. Er sollte herausfinden, welche Charakterstruktur seine ärztliche Tätigkeit imprägniert. Dieter Beck hat die vier Charaktertypen des Psychoanalytikers Fritz Riemann (*Grundformen der Angst*) dafür fruchtbar gemacht.

Der *schizoide Arzt* ist danach durch seine Exaktheit, Illusionslosigkeit und nüchterne Sachlichkeit qualifiziert. Er agiert kühl und kompetent, aber mit wenig Einfühlung in den Patienten. Am liebsten verschanzt er sich hinter seinem riesigen Schreibtisch und dem Bildschirm. Er ist ein Könner, aber in seiner Gefühlsarmut verliert er leicht den Kontakt zur Realität des Patienten und lässt diesen allein.

Der *depressive Arzt* glänzt dagegen gerade umgekehrt durch Einfühlungsvermögen, verschwenderische Aufopferungsbereitschaft und Identifikation mit dem Leidenden. Aber er neigt zur symbiotischen Verschmelzung mit dem Patienten. Er überbehütet ihn. Er blockiert damit möglicherweise seine schöpferische Autonomie und seine autoreparativen Tendenzen im Heilungsprozess.

Der *zwanghafte Arzt* ist dogmatisch, rechthaberisch, spezialistisch. Er übersieht leicht die seelische Aussagekraft des Leidens. Seine Behandlung trägt „oft auch Züge eines autoritären Machtkampfes zwischen Arzt und Patient. Der Kranke ist mit seinen Symptomen das unfolgsame Kind, der Arzt dagegen ist der wissende, mächtige und nötigenfalls strafende Gott-Vater".

Der *hysterische Arzt*, besser formuliert der hysterisch inszenierende Arzt, fasziniert den Patienten durch seine Extraversion, mitreißende Lebensfreude, Impulsivität, das Leichtfüßig-Spielerische seines Vorbildes und seinen medizinischen Frohsinn. Er kann den Patienten sozusagen aus dem Loch seiner resignativen Gestimmtheit herausreißen. Aber seine Gefahr besteht nach Beck darin, „dass der Arzt als Sonnyboy durch seine fantasievolle Lebendigkeit unrealistische Prozeduren einleitet, allzu großen Optimismus erzeugt oder zu schnelle Handlungsanweisungen gibt". Er ist ungeduldig und neigt zur therapeutischen Vieltuerei, wie sie der große Berliner Chirurg August Bier einmal so beschrieb: „Eine der größten Krankheitsursachen ist die Polypragmasia medicorum, die Neigung der Ärzte, viel zu verordnen."

Für die Wirksamkeit ärztlichen Tuns ist eine Tiefendimension unerlässlich, die der Wiener Arzt Peter Gathmann und die Wissenschaftsjournalistin Claudia Semrau-Leninger in ihrem Buch *Der verwundete Arzt. Ein Psychogramm des Heilberufes* (München 1996) als die Leidensstruktur des Heilers selbst beschrieben haben. Für den Arzt selbst gilt: „Menschliches Leben ist verwundetes Leben. [...] Wir sind göttliche Wesen, behaftet mit dem Stigma der Verletzung." Demgegenüber scheinen sich, so kritisieren die Autoren, viele Ärzte in dem sterilen Milieu der weiß gekachelten Ordinationsräume so aus dem mitmenschlichen Leid heraushalten zu können, dass man sich die Frage stellt: „Gehen hier Ärzte oder bloß weiße Mäntel herum?"

Die Hypothese von Gathmann und Semrau-Leninger lautet: „Arzt-Sein ist nicht nur ein Beruf, sondern eine Berufung, die aus dem Schmerz einer persönlichen physischen oder psychischen Verwundung kommt oder aus der Identifikation der kollektiven Wunde. Etwas Unerlöstes, das tief im verborgenen Teil der Seele ruhen mag, schreit nach Erlösung und lässt das Individuum eine Reise als Heiler antreten."

Der Arzt ist nach diesem Bild ein Heilender, nicht obwohl, sondern *weil* er Unheilsames und Heilung am eigenen Leib und an der eigenen Seele erlebt hat. In der antiken Mythologie der mit Heilkräften ausgestatteten Götter und Halbgötter wie Hephaistos, Asklepios und Chirons sowie in der schamanistischen Medizin ist nach Auffassung der jungianisch denkenden Autoren das Wesen dieser Anteilnahme am Leiden als kostbare Substanz enthalten. Ärzte könnten von diesen Heilkulturen lernen, „... weil der eigene Schmerz demütig macht und zu Mitleiden befähigt." Neben dem handwerklichen Können ist das Wichtigste in der ärztlichen Arbeit die liebende und geduldig annehmende Beziehung zu einem Menschen: Das „Wissen um das Leid des anderen" kann das Vertrauen des Patienten in die helfende Person um ein Vielfaches steigern.

Es mag altmodisch klingen, aber der Arzt sollte in seiner gesundheitlichen und ethischen Lebensführung ein Vorbild sein, eine gewisse Ordnung in seinem Leben haben und diese weitergeben. Der Schweizer Naturheilarzt Maximilian Oskar Bircher-Benner nennt in seinem Vermächtniswerk *Mein Testament. Vom Werden des neuen Arztes* (erstmalig Dresden 1938) diese Haltung als Charakteristikum einer nährenden Arzt-Patientenbeziehung.

Bircher-Benner sagt: „Es ist gewiss viel ‚kürzer', ein Rezept zu schreiben, als den Kranken über seine Unordnungen aufzuklären, ihn Ernährungs- und Lebensordnungen zu lehren und ihn für die Durchführung derselben zu gewinnen... Unter den Tausenden von Kranken, die in der Regel nach erfolgloser Vorbehandlung zu mir kamen, wusste nicht einer, warum er eigentlich krank geworden war. Dieser Unwissenheit und all den Vorurteilen ein Ende zu bereiten, ist die erste therapeutische Aufgabe des neuen Arztes, und sie ist keine kleine Aufgabe. Ihr Gebiet erstreckt sich über sämtliche Beziehungen des Menschen zur unbelebten und belebten Umwelt und zu sich selbst."

Krankheit bietet die Chance der Existenzerhellung. Bircher-Benner: „Erst der Leidende hat Ohren zu hören. Es ist der Sinn der Krankheit, den Menschen zum Erkennen seiner Abirrung zu bringen und zur Rückkehr ins Reich der Ordnung zu bewegen. Den Weg der Ordnungstherapie mit neu gestärktem Bewusstsein gehen heißt: Den Sinn seiner Krankheit erfüllen!"

Nur soweit ein Arzt diese Aufgaben für sich selbst gelöst hat, kann er den Kranken führen und zur geistigen Bewegung ermutigen. Im Falle einer tödlichen Krankheit kann er dabei sogar am Ende für den Kranken der mythologische *Psychopompos*, der Begleiter vom Land der Lebenden in das Reich der Toten, werden, statt ihn an diesem Punkt einfach „aufzugeben". Das Letzte allerdings, das Einverständnis mit der Last des Daseins und den Abschied von dieser doch so geliebten Welt, muss der Patient selber leisten.

Beeindruckend hat dies der 71-jährige TV-Entertainer Rudi Carell im Angesicht seines nahenden Todes formuliert. Illusionslos blickte er in seinem letzten Lebensjahr 2006 zurück. „Ich habe immer ungesund gelebt, bis zu sechzehn Stunden am Tag gearbeitet, bei Fernsehshows wie *Am laufenden Band* fünf Tage vor der Sendung nichts mehr gegessen, nur Bier getrunken und sechzig Zigaretten am Tag geraucht. Ich wusste immer, das kann nicht gutgehen."

Carells Chemotherapie wirkte palliativ, das heißt, die Ärzte konnten den Lungenkrebs nicht mehr heilen, sondern sie schafften es, das Leben des Patienten schmerzfrei zu halten und „angenehm zu verlängern" (Carell). Mehr konnte der Sterbenskranke nicht erwarten. Rudi Carell starb versöhnt. Er sagte am Ende dankbar: „Meine Arbeit ist beendet, das empfinde ich als wahnsinniges Glück. Ich habe 35 Jahre Fernsehen gemacht... Bei der Samstagabendshow schaute mir ein ganzes Land zu. Das war schön. Das gibt es nie wieder. Ich habe mein Leben gelebt. Ich kann jetzt ohne Angst gehen."

Salutogenese statt Pathogenese: Was uns gesund hält

Großen Dank verdient die Natur, dass sie in die Existenz eines jeden lebendigen Wesens auch so viel Heilkraft gelegt hat, dass es sich, wenn es an dem einen oder anderen Ende verrissen wird, selbst wieder zusammenflicken kann.

Goethe (An Lavater, 04.10.1782)

Wenn wir so viel von Krankheit und Tod sprechen, so drängt sich natürlich die Perspektive der *Pathogenese*, der Lehre von der organischen Krankheitsentstehung auf. Das altgriechische Wort *pathos* bedeutet *Leidenskampf, Schmerz, Missgeschick, Ungemach, Unglück*. So konzentriert sich denn auch das herkömmliche pathogenetische Modell auf die Frage, warum

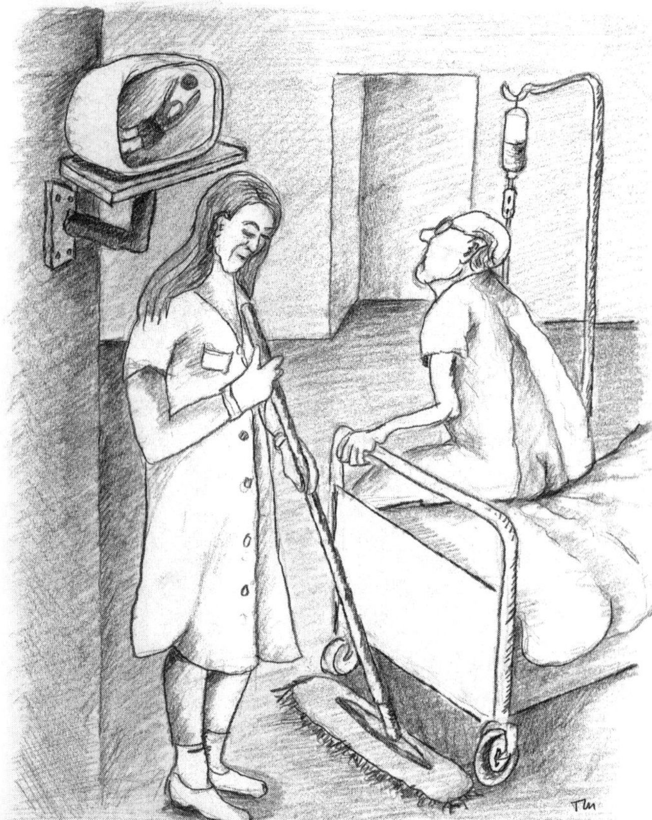

Personen in der Folge belastender Außenwelteinflüsse erkranken.

Diese Fragestellung ist unzweifelhaft wichtig, denn Außenwelt und menschlicher Organismus bilden ein miteinander verflochtenes, dialektisch bezogenes und entwicklungsfähiges Ganzes. Gäbe es diese phylogenetische, das heißt stammesgeschichtliche Dialektik zwischen Natur und Organismen nicht, so gäbe es keine Entwicklung von der Amöbe zum Elefanten und von den affenartigen Primaten zum Menschen. Wir Menschen passen uns den Umweltveränderungen, aber auch dem sozialen Wechsel mehr oder weniger flexibel an. Wir verändern damit unsere Wahrnehmungsweisen wie unsere Handlungsschemata. Unser Subjekt-Umwelt-System ist ein hochkomplexes Gebilde. Es ist ebenso störungsanfällig wie schöpferisch. Es steht langfristig nie still, sondern befindet sich immer nur im Zustand der relativen Stabilität des Fließgleichgewichtes. Ein einfaches Beispiel zeigt dies: Wer heute die Kunst des Computer-Handlings, der E-Mails und SMS-Technik nicht beherrscht, wer als Berufsfahrer den satellitengesteuerten Navigator nicht bedienen kann und sich in Notsituationen vor dem Einsatz des Handys scheut, der sieht im Wortsinn alt aus.

Das pathogenetische Krankheitsmodell basiert auf dem physikalistisch-chemischen Weltbild, das wir am Anfang des Buches erörterten. Die moderne Medizin reproduziert die auf Descartes zurückgehende Trennung von Leib und Seele. Sie betrachtet den körperlich-somatischen Teil und den psychischen Teil des Menschen getrennt. Sie definiert den kranken Menschen nur als Objekt eines pathologischen Prozesses. Als solches unterliegt er passiv der ärztlichen Behandlung und spielt im Gesundungsprozess keine aktive Rolle. Die Behandlung der Krankheit ist dann eine technische Problemlösung. In der medizinischen „Reparaturwerkstatt" spielt die Beziehung zwischen Arzt und Patient eine untergeordnete Rolle. Der Patient bezeichnet den Arzt distanziert als „Weißkittel". Der Arzt betrachtet den Körper des Patienten als Naturgegenstand und „defekte Maschine", die ein „Check up", Injektionen, Medikamente, Bestrahlungen, Implantate und Prothetik verlangen.

Kurz, die High-tech-Medizin reduziert die Krankheit auf das körperliche Phänomen. Die sozialen und seelischen Aspekte des erkrankten Menschen blendet sie ebenso aus wie sein Verhalten und alltägliche Lebensgewohnheiten. Als ich mich selbst einmal der sogenannten Krebsvorsorgeuntersuchung unterzog – sie bestand lediglich aus einem Palpieren der Prostata durch den Enddarm hindurch, fragte mich der, durchaus freundliche, Urologe weder davor noch danach, ob ich regelmäßig Alkohol trinke oder ob ich rauche und wie ich mich ernähre – das war nicht sein Fachgebiet.

Demgegenüber stellte der amerikanisch-israelische Medizinsoziologe Aaron Antonovsky schon in den Siebzigerjahren einen Gegenentwurf zu diesem krankheitsorientierten und reduktionistischen medizinischen Denken auf: *Salutogenese* – von *salus*, (Gesundheit, Heil, Wohlfahrt) und *genesis*, (Erzeugung, Entstehung). Dieses Konzept fragt also nicht danach, was den Menschen krank macht, sondern was ihn gesund hält. Wie ist es zu erklären, fragte Antonovsky 1979, dass in einer feindlichen Umwelt voller Risiken immer noch viele Menschen gesund bleiben? Verfügen sie möglicherweise über ein prophylaktisches, also vorbeugendes Verhalten?

In seinem Werk *Salutogenese. Zur Entmystifizierung der Gesundheit* (auf Deutsch 1997) erläuterte Antonovsky die Erforschung der menschlichen *Ressourcen*. Er meinte damit körperliche und seelische Faktoren, die einen Menschen positiv immunisieren können, ihn widerstandsfähiger und *invulnerabler*, das heißt unverletzbarer, machen. Die pathogenetische Medizin macht traditionell die Risikofaktoren und Stressoren erst zum Gegenstand ihrer Forschung, nachdem die Krankheit sich bereits manifestiert hat. Eine salutogenetisch orientierte Ganzheitsmedizin hingegen ist an den Quellen interessiert, die Gesundheit erhalten oder verbessern können. In diese Tradition gehören ein Viktor von Weizsäcker, Thure von Uexküll (der im gesegneten Alter von sechsundneunzig Jahren in Freiburg starb), Bircher-Benner, Werner Kollath, Max Otto Bruker, aber auch ein Nichtarzt wie der „Wasserdoktor" Kneipp.

Antonovsky selbst verstand das neue Paradigma der *Salutogenese* nicht als Alternative, sondern als Ergänzung der *Pathogenese.* Schulmedizin und psychosoziale naturheilkundliche Medizin sollten sich nicht bekämpfen, sondern vereinen. Wer sich den Oberschenkelhals bricht, fühlt sich bestens aufgehoben in der „schulmedizinischen Chirurgie". Wer am Diabetes mellitus, der früher „Zuckerharnruhr" genannten Krankheit, leidet, dem wird nach den notwendigen Laboruntersuchungen die zusätzliche Konsultation eines ernährungskundigen Ganzheitsarztes eine Milderung seines Leidens und die Möglichkeit einer Verringerung der Insulingaben bescheren.

Für die Herausbildung der „widerstandsfähigen Persönlichkeit" und ihrer Gesundheitsfähigkeit nennt die salutogenetische Medizin eine Reihe von protektiven Faktoren, die dem Psychotherapeuten wohlvertraut sind:

1. Das Selbstwertbewusstsein: Ich bin überzeugt von der Wichtigkeit und Existenzberechtigung meiner Person und dem Wert meiner Handlungen.
2. Die *Kontrolle*: Ich fühle mich selbst kompetent und lebe in dem Gefühl, mein Leben im

Wesentlichen angemessen selbst bestimmen und beeinflussen zu können.

3. Die *Herausforderung*: Ich nehme anstehende Veränderungen in meinem Leben nicht als Bedrohung hilflos wahr und gehe nicht in den depressiven Rückzug, sondern gehe sie aktiv als Herausforderung an.
4. Die *private Selbstaufmerksamkeit*: Ich bin achtsam und genau meinen Gefühlen, Kör persensationen und Reaktionen gegenüber und verdränge sie nicht. Ich entwickele somit ein leib-seelisches Frühwarnsystem.
5. *Körperliche Fitness*: Ich liebe meinen Körper und pflege ihn durch Sport, Radfahren, Schwimmen, Sauna, gesunde Ernährung und mäßigen Konsum von Genussmitteln.
6. Die *soziale Unterstützung*: Ich baue mir ein soziales und emotionales Netz von Freundinnen und Freunden sowie gesundheitlicher Hilfsdienste auf, um in einer kritischen Situation mögliche gesundheitliche Folgen besser zu überstehen.

Gesundheit ist ein Informationsproblem, pflegte Max Otto Bruker zu sagen. Das gilt auch für die Grundeinstellung der Salutogenese als Lebenspraxis. Im Lehrbuch *Psychosomatische Medizin* von Uexküll wird das so definiert: „Ein Mensch ist gesund, der bei entsprechenden Angeboten der Umgebung seine biologischen, psychischen und sozialen Bedürfnisse ‚erkennen' und befriedigen kann. ‚Erkennen' als kreativer Prozess heißt: Verarbeitung von Informationen, die das lebende System über seine Bedürfnisse und die Möglichkeiten ihrer Befriedigung in der Umgebung unterrichten."

Wo immer Menschen lebendig und sensibel sind, finden sie je nach ihrer Eigenart gesundheitsentwickelnde Lebenspraktiken. Frank Nager führt als Elemente der Selbstheilungskunde bei Goethe an: „Seelenheilung als unvermitteltes Gnadengeschenk; Selbstbefreiung durch Selbstbeherrschung; Gehorsam gegenüber dem inneren Seelenplan; die Heilkraft ‚liebevoller, treuer Herzen'; das therapeutische Gespräch, das heilsame Wort; die Heilwirkung der Kunst; die dichterische Gestaltung der Krise."

Selbst in der Krankheit sieht Goethe noch eine salutogenetische und reinigende Kraft am Werk. Der leidenserprobte Dichter verarbeitet das in der Pathografie Wilhelm Meisters. Dort heißt es über dessen schwere Krankheit: „Mit der Weisheit einer verständigen Zuchtmeisterin griff sie durch, fasste jedes Übel an der Wurzel, kehrte das Oberste zuunterst, warf aus, was zu grob war, verzehrte das Feinere, und unbarmherzig in ihren unaufhaltsamen Wirkungen brachte sie unseren Freund etliche Male an die Pforten des Todes. Aber auch ihre Kur war aus dem Grunde; alles Fremde und Falsche war vertrieben und der wohlgebaute Körper zu seinem künftigen Glücke in seinen innersten Verhältnissen wiederhergestellt."

Was ein salutogenetischer Perspektivenwechsel im Leben eines Menschen praktisch bewirken kann, das habe ich bei meinem Klienten Hermann erlebt. Der knapp Fünfzigjährige arbeitete glücklich als Masseur in einer orthopädischen Klinik. Das mit dem Glück war nicht immer so gewesen. Er hatte sich als Berufssoldat im Sanitätswesen der Bundeswehr verpflichtet. Er fand in seiner Kaserne ein stumpfes, bürokratisch zwanghaftes, von Alkohol und sexuellen Zoten geprägtes Milieu vor. Da er schwul war, musste er in der intoleranten militärischen Umgebung eine

Liebesbeziehung zu einem Mann verheimlichen. Er konnte nicht mit seinem Freund offen zusammenleben.

Zwischen Hermann und den Militärs kam es zu einer wachsenden Entfremdung. Er eckte immer häufiger an. Er wurde disziplinarisch gemaßregelt und hatte kaum Beförderungsaussichten: „Mein Vorgesetzter hasste mich. Vor der Mannschaft parodierte er meine leise Stimme und mein sanftes Gehabe. So bin ich nun einmal. Meine Beschwerden halfen nichts, sondern verschlimmerten meine Lage noch. In dieser Situation bekam ich ein Zwölffingerdarm-Geschwür. Es ließ sich, trotz intensiver Behandlung und verordneter Diät, nicht ausheilen. Bei mehreren Sanatoriumsaufenthalten – ich kostete die Bundeswehr eine Stange Geld – milderte sich das Ulcus duodeni zwar, aber kaum war ich in der Kaserne zurück, bekam ich wieder Magenschmerzen."

Die Bundeswehrärzte waren ratlos. Doch sie dokterten mit großer Hingabe an dem kranken Hermann herum. Ein zusätzlich auftretendes Sodbrennen machte sie erst recht fassungslos. Tatsächlich ist die Korrespondenz von Emotionen und Magensekretion seit den klassischen Hundeversuchen Pawlows über bedingte Reflexe kein Geheimnis mehr. Doch die Mediziner traktierten Hermann in traditionell pathogenetischer Art mit immer neuen Medikamenten. Sie saßen in der Falle ihres begrenzten Horizontes. Der Arzt und Psychoanalytiker Alexander Mitscherlich bekannte in diesem Zusammenhang einmal selbstkritisch: „Der Arzt ist, was die psychosomatische Medizin betrifft, in kaum besserer Lage als der ‚Laie', denn er bringt nach den Jahren einer Erziehung besonders starre Modellvorstellungen über die Verursachung von Krankheiten mit."

Irgendwann in seiner körperlichen und seelischen Leidenszeit begriff Hermann, dass er selbst etwas unternehmen und eine Reise in den Tiefengrund seiner Krankheit antreten müsse. In dem evangelischen Pfarrer seiner Gemeinde fand er einen Seelenführer dazu. In langen Gesprächen brach alles Elend aus Hermann heraus, die Geschichte seiner Demütigungen und versteckten Lebensführung. An einem gewissen Zeitpunkt der Sitzungen sagte der Seelsorger etwas außerordentlich Kluges: „Wir machen jetzt einen Vertrag miteinander. Ab sofort blicken Sie nicht mehr zurück und lassen das Jammern. Wir konzentrieren uns jetzt auf Ihre Stärke."

Das taten sie. Hermann entdeckte, dass er der geborene Helfer war mit geschickten Händen, den Menschen zugewandt. Dies war in der Seelenkälte des Kasernenmilieus zugedeckt worden. Hermann schaffte es, aus dem Vertrag mit der Bundeswehr auszusteigen. Er absolvierte mit Begeisterung eine Umschulung zum Krankenmasseur. Er zog mit seinem Freund zusammen und veranstaltete in dem kleinen Städtchen, in dem sie lebten, mit köstlicher Frechheit eine öffentliche „Hochzeit", mit Kutsche, Schimmel und Rosenblätter streuenden kleinen Mädchen. Hermann schuf sich einen Freundeskreis, kam aus seinem leidvollen Schneckenhaus wieder heraus – und das böse Ulcus desertierte ein für alle Mal.

Passend dazu fordert der Arzt Frank Nager eine Neuausrichtung medizinischer Paradigmen (Blickwechsel – M. J.): „Eine gewandelte Medizin von morgen muss, mit C. G. Jung zu sprechen, *ihren Schatten wahrnehmen*: Das im

Verlauf der Jahrhunderte Verdrängte, Unentwickelte und Ungelebte wird sie neu entdecken, ihre spirituelle Tiefe und ihre weibliche Seite wird sie wieder berücksichtigen müssen."

Tertiärer Krankheitsgewinn: Lieben und arbeiten

Die Krankheit gab mir ein Recht zu einer vollkommenen Umkehr meines Lebens.

Friedrich Nietzsche
Ecce homo

Der *Schatten* der Medizin ist ihre verdrängte weiche, weibliche Seite, ihre liebevolle Hingabe. Dass die Arzt-Patient-Konstellation eine liebende Beziehung ist, würde ich kaum zu schreiben wagen, wenn das nicht zwei große Ärzte dokumentiert hätten. Frank Nager sagt in entschiedener Wendung gegen den Phänotyp des ärztlich approbierten Medizintechnikers: „Dramatisch anders lautet jene Definition des Arztes, die uns die Humanitas diktiert. Aus dieser tieferen Sicht ist der Arzt ein hilfreicher, her-

zensgebildeter und fachlich kompetenter Mensch mit edeln ‚Gesinnungen'; ein Heilkundiger, der im Patienten einen Bruder oder eine Schwester sieht und der Therapie im ursprünglichen Wortsinne von *therapeuein* pflegt: als barmherziges Dienen an jemandem, der ihn in seiner Not ruft." Nach Nager ist die ursprünglich weibliche Heillehre inzwischen weitgehend von Männern erdacht, geformt und wie der Turm zu Babel tollkühn in die Höhe „gespitzt" worden: „Aus einer *weisen Heilkunde* ist eine *machtvolle Medizintechnik*, eine einseitig männliche Wissenschaft geworden."

Ergänzend dazu kritisiert Victor von Weizsäcker in seinem Aufsatz *Medizin und Seelsorge* (1930) die alte Psychoanalyse, die mit rigiden „Abstinenzregeln" zwischen Analytiker und Klient arbeitet und den Therapeuten aus dem Gesichtsfeld des Patienten verbannt: „Es hat in der Psychoanalyse selbst eine Krise bedeutet, dass sie erkennen musste, wie unvermögend die bloße Deutung und Aufklärung bleiben kann und wie entscheidend der Entwicklungsgang einer *Liebesbeziehung* (von mir hervorgehoben – M. J.) zwischen Krankem und Arzt ist."

Krankheit ist, wie wir sahen, eine Störung der Balance zwischen den Kräften der körperlichen, seelischen und geistigen Ebene des Menschen. Der Kranke erlebt dieses Ungleichgewicht meist primär im körperlichen Bereich. Der Arzt konzentriert seine Behandlung ausschließlich auf die organische Symptomatik. In der Zeitschrift *Nervenarzt* (Bd. 75, 2004, S. 10083) berichten M. Härter und weitere medizinische Kollegen unter dem Titel *Stationäre psychiatrisch-psychotherapeutische Depressionsbehandlung* von einer Studie über die Therapiewege in vierundzwanzig deutschen psychiatrischen Kliniken: 46 Prozent der wegen einer Depression stationär behandelten Psychiatriepatienten erhielten während ihres gesamten Aufenthaltes keine Einzeltherapie. Mehr als 32 Prozent bekamen weder Einzel- noch Gruppentherapie. Dagegen erhielten mehr als 93 Prozent aller depressiven Patienten antidepressive Psychopharmaka. Dies erschien den Autoren besonders bemerkenswert, da über 26 Prozent der Patienten an einer nur leichtgradigen Depression und weitere 36 Prozent an einer mittelgradigen Depression litten.

Das Salutogenesekonzept von Aaron Antonovsky ging an der etablierten Schulmedizin unbemerkt vorüber. Dies kommt, angesichts der Kostenexplosion im Gesundheitswesen, einer hanebüchenen Verschwendung gleich. Eine Studie der Therapieforscher Claudia Baltensperger und des mittlerweile verstorbenen Klaus Grawe von der Universität Bern an achtzigtausend Patienten ergab: Die erfolgreiche psychologische Behandlung senkt die Krankenhauskosten um bis zu 54 Prozent und die Arztkosten um bis zu 26 Prozent.

Ist es nicht skandalös, dass psychosomatisch erkrankte Patienten in der Regel erst nach sieben Jahren Organbehandlung den Weg in die Psychotherapie finden? Warum ist eine so lange, mit viel Leid verbundene Krankheitsgeschichte notwendig, um endlich die Suche nach den tiefergehenden, im lebensbedingten Bereich verborgenen Ursachen der Erkrankung zu beginnen?

Immer noch steht das medizinische Versorgungssystem einigermaßen hilflos dem fragilen Gespinst der Seele gegenüber. Die Scheu der

Schulmedizin, Neuland zu betreten, überwiegt augenscheinlich immer noch. Schon 1945 stellte C. G. Jung (in *Vom Wesen der Träume*) fest: „Die medizinische Psychologie zeichnet sich vor allen anderen naturwissenschaftlichen Disziplinen dadurch aus, dass sie sich mit den komplexesten Problemen auseinanderzusetzen hat, ohne sich auf gesicherte Versuchsanordnungen, Experimentalserien und logisch fassbare Tatbestände stützen zu können. Im Gegenteil sieht sie sich einer Unzahl ständig wechselnder irrationaler Gegebenheiten gegenübergestellt; ist doch die Seele wohl das undurchsichtigste und unnahbarste Gebilde, mit dem sich wissenschaftliches Denken je beschäftigt hat."

Gesundheit ist nicht alles, sagt der Volksmund, aber ohne Gesundheit ist alles nichts. Unbequem ist sicherlich die Grundeinsicht der Psychosomatik, dass Krankheiten oft Spiegel unserer kranken Welt sind: Hektik, soziale Kälte, Bindungslosigkeit durch Massenarbeitslosigkeit, denaturierte Zivilisationskost, Stress, Suchtverhalten, Herzlosigkeit und medialer Lärm verleiblichen sich schmerzhaft in uns. Diese reaktiven Krankheitsbildungen werden wir nicht mit dem isolierten Geist einer reinen Wissenschaftsmedizin heilen können.

Nietzsche, als Denker ein feiner Seismograph der Moderne und ihrer Gefährdungen, warnte (in *Schopenhauer als Erzieher*) bereits: „Solange Kultur wesentlich als Förderung der Wissenschaft verstanden wird, geht sie an dem großen leidenden Menschen mit unbarmherziger Kälte vorüber, weil die Wissenschaft überall nur Probleme der Erkenntnis sieht und weil das Leiden eigentlich innerhalb ihrer Welt etwas Ungehöriges und Unverständliches, also höchstens wieder ein Problem ist."

Im verminderten und zugleich erhöhten Status der Krankheit kann ich über meinen Sinn in dieser Welt reflektieren. Nietzsche sagt (in *Menschliches, Allzumenschliches*): „Der Mensch, der krank zu Bette liegt, kommt mitunter dahinter, dass er für gewöhnlich an seinem Amte, Geschäfte oder an seiner Gesellschaft krank ist und durch sie jede Besonnenheit über sich verloren hat: Er gewinnt diese Weisheit aus der Muße, zu welcher ihn seine Krankheit zwingt."

Noch einmal: Viele Krankheiten enthalten den Appell an uns, das Vergangene zu überdenken und sich dem Leben neu zu stellen: sich zu schonen, Beziehungen zu intensivieren, einen neuen Sinn zu generieren und diese köstliche, begrenzte „Essenz Leben“ dankbar zu schlürfen. Krankheit fruchtbar zu machen, heißt zu denken und zu handeln. Um zu handeln, muss man zuerst *sein*. Wenn uns das gelingt, dann wird an uns Freuds Definition von Gesundheit sichtbar: *Die Fähigkeit zu lieben und zu arbeiten*.

Lieben bedeutet hier zuallererst, die größte Liebesgeschichte meines Lebens anzunehmen – die Liebe zu mir selbst. Arbeiten wiederum bedeutet nicht in jedem Falle die Tätigkeit an einem bezahlten Arbeitsplatz, sondern der schaffende Umgang mit der immer wieder neu zu gestaltenden Welt – sei es im kleinen Gartenstück oder als „grüne Dame“ in der Patientenbetreuung eines Krankenhauses.

Der *primäre Krankheitsgewinn* entsteht durch die Symptombildung, die meinem Ich einen Konflikt erspart; sie führt zu einer psychischen Spannungsminderung. Der *sekundäre Krank-*

heitsgewinn beschert den erfolgten Genuss der Befreiung von Verantwortung, beruflichen Verpflichtungen und die Wohltaten liebevoller Betreuung. Ein *tertiärer Krankheitsgewinn* kann im Gewinnen einer neuen Zukunftsperspektive *durch* die Krankheit entstehen. Dazu ist jedoch die Befolgung des hippokratischen Grundgesetzes unerlässlich: „Wenn du nicht bereit bist, dein Leben zu ändern, kann dir nicht geholfen werden."

Um heil zu werden, muss ich mich unter das *Prinzip Verantwortung* stellen. So und nur so kann ich mich aus der Abhängigkeit vom medizinischen Schulbetrieb befreien und das Rätsel meiner psychosomatischen Erkrankung lösen. Der Katalog von Fragen, denen ich mich mit rückhaltloser Ehrlichkeit stellen muss, ist umfangreich:

Was hat sich, bewusst oder unbewusst, *vor* meiner Erkrankung ereignet?

Ist es nur ein Zufall, dass ich gerade jetzt erkrankt bin?

Was bekümmert mich gegenwärtig in der Tiefe meines Herzens?

Was habe ich nicht verdaut?

Warum bin ich gerade auf diese Weise erkrankt?

Welchen Symbolwert hat mein bestimmtes Organdefizit?

Ist meine Krankheit bereits eine Zweit- oder Drittauflage?

Was will mir meine Seele damit sagen?

Was will ich mit meiner Krankheit meinem Partner, meiner Familie, meinem beruflichen Umfeld sagen?

Was rät mir meine Krankheit für die Zukunft?

Will ich eine Lebenssituation beenden?

Liegt ein Trennungskonflikt in der Luft?

Welche Krankenbiografie liegt hinter mir? Was verrät sie mir?

Bin ich glücklich? Habe ich mich mit Sterben und Tod auseinandergesetzt?

Lebe ich Spiritualität?

Ist meine Krankheit nur ein Zufall oder kann ich in ihr eine zwangsläufige Konsequenz erkennen?

Bin ich bereit, Verantwortung für meine Krankheit zu übernehmen, statt sie ausschließlich an den behandelnden Arzt zu delegieren?

Krankheit muss nicht nur Quälerei sein. Sie kann in dem Ausnahmezustand ihrer Schwäche eine Art seelischer Entrückung bedeuten. Der Schriftsteller Ernst Petzoldt hat in seinem heute noch lesenswerten, 1937 erstmals erschienenen Krankenhausbüchlein *Der dankbare Patient* die Wiedergeburt durch Krankheit mit anmutiger Zärtlichkeit beschrieben:

„Ich lasse den ewig Gesunden gern ihren Ruhm. Aber ich denke mir dabei im Stillen, sie lassen sich manches entgehen. Um nur eines zu nennen: das wunderbare Erlebnis der Genesung. Ich wenigstens möchte es nicht missen. Ich werde ins Bad getragen und fühle, wie leicht ich geworden bin. Kinderleicht. Das Wasser scheint mich zu tragen, ich bin körperlos. Ein Teil meines Wesens scheint noch zu schlafen. Es ist ein ganz allmähliches, verwundertes Erwachen, ein Zustand, dem Wachstum einer Pflanze vergleichbar. In der Tat, man fühlt sich mehr den Bäumen zugehörig als den Menschen. Man spürt seinen Lebensgeist noch in der ganzen Reinheit und Zärtlichkeit, noch nicht entstellt von der Kraft. Er scheint noch gar nicht in das Vehikel des Körpers zurückgekehrt zu sein und hat noch nicht Teil an seiner Erdenschwere. Vielmehr scheint es ihn wie ein Falter zu umschweben. Es ist, als zaudere er noch, sich niederzulassen. Man gibt sich gern diesem Zustand hin, jenem kindlichen Staunen ohne Ichgefühl."

Der Kranke löst sich vom Feindbild Krankheit. Er nimmt seine Verantwortung auf sich. Der Abschied von der Krankheit wird zum Neubeginn.

Krankheiten sind zu wichtig, als dass wir sie nur den Ärzten überlassen dürfen. André Gide meint: „Ich glaube, dass die Krankheiten Schlüssel sind, die uns gewisse Türen öffnen können. Ich glaube, es gibt gewisse Tore, die einzig die Krankheit öffnen kann. Es gibt jedenfalls einen Gesundheitszustand, der uns nicht erlaubt, alles zu verstehen. Vielleicht verschließt uns die Krankheit einige Wahrheiten; ebenso verschließt uns die Gesundheit andere oder führt uns davon weg, so dass wir uns nicht mehr darum kümmern."

Kümmern wir uns also um unsere Wahrheit. Damit wir die Krankheit nicht mehr brauchen.

Ein Verlag, ein Haus, eine Philosophie.

Millionen Bundesbürger kennen den kämpferischen Ganzheitsarzt Dr.-Max Otto Bruker (1909–2001) aus dem Fernsehen, aus Vorträgen, durch den „Mundfunk" überzeugter Patienten. Vor allem lesen sie aber die rund 30 Bücher des schwäbischen Humanisten und Seelenarztes. Mit einer Gesamtauflage von über drei Millionen Exemplaren ist Max-Otto Bruker der wohl bedeutendste medizinische Erfolgsautor im deutschsprachigen Raum. Der – in der Nachfolge des Schweizer Reformarztes Bircher-Benner scherzhaft „Deutschlands Vollwertpapst" genannte – Massenaufklärer, langjährige Klinikchef und Ernährungsspezialist lehrt zwei fundamentale Erkenntnisse Patienten wie Gesunden: Der Mensch wird krank, weil er sich falsch ernährt. Der Mensch wird krank, weil er falsch lebt.

Hinter den Erfolgstiteln des emu-Verlages steht ein bedeutender Forscher und Arzt, eine Bewegung, ein Haus und tausende Schülerinnen und Schüler. 1994 wurde das „Dr.-Max-Otto-Bruker Haus", das Zentrum für Gesundheit und ganzheitliche Lebensweise, auf der Lahnhöhe in Lahnstein bei Koblenz bezogen. Es stellt die äußere Krönung des Brukerschen Lebenswerkes dar: Der lichte Bau mit seinem Grasdach, den Sonnenkollektoren und den Wasserrecyclinganlagen, seinen Seminarräumen, dem Foyer mit der Glaskuppel und dem liebevollen Biogarten ist als Treffpunkt für all jene konzipiert, denen körperliche und seelische Gesundheit, ökologische und spirituelle Harmonie Herzensbedürfnis und Sehnsucht sind.

Hinter dem eleganten Halbmondkorpus mit dem markanten Grasdach verbirgt sich eine Begegnungsstätte für Gesundheitsbewusste, Seminarteilnehmer, Trost-, Ruhe- und Anregungsbedürftige.

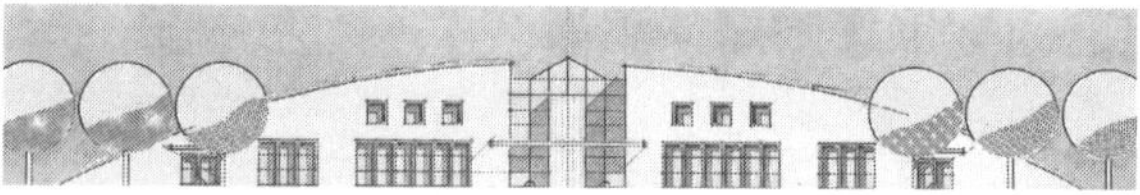

Das Dr.-Max-Otto-Bruker-Haus

Feste Termine:

Jeden Montag, 18.30 Uhr: Vortrag Ilse Gutjahr-Jung (Theorie und Praxis der vitalstoffreichen Vollwertkost)
Jeden Dienstag, 18.30 Uhr: Vortrag Dr. phil. Mathias Jung (Lebenshilfe und Philosophie)
Jeden Mittwoch, 10.30 Uhr: Fragestunde mit Dr. med. Birmanns (Ärztlicher Rat aus ganzheitlicher Sicht)

Ausbildung Gesundheitsberater/in GGB
Lebensberatung/Frauen-, Männer- und Paargruppen

Die vitalstoffreiche Vollwertkost hat ihre Verbreitung, auch im klinischen Bereich, durch die unermüdliche Information und praktische Durchführung von Dr. M. O. Bruker gefunden. Um die-Erkenntnisse gesunder Lebensführung und die durch falsche Ernährung provozierte Krankheitslawine ins öffentliche Bewusstsein zu rücken, bildet die von ihm 1978 gegründete „Gesellschaft für Gesundheitsberatung GGB-e. V." Gesundheitsberaterinnen und Gesundheitsberater GGB aus. Über 4000 Frauen und Männer haben bislang die berufsbegleitende Ausbildung bestanden- und wirken in Volkshochschulen, Bioläden, Lehrküchen, Krankenhäusern, ärztlichen Praxen, Krankenversicherungen und ähnlichen Bereichen.

Auf der Lahnhöhe erhalten sie durch das GGB-Expertenteam nicht nur eine sorgfältige Grundlagenausbildung über die vitalstoffreiche Vollwerternährung und den Krankmacher der „entnatürlichten" (denaturierten) Zivilisationsernährung (raffinierter Fabrikzucker, Auszugsmehle, fabrikatorische Öle und Fette, tierisches Eiweiß usw.), sondern gewinnen auch Einblick in die leibseelischen Zusammenhänge der Krankheiten.

Anfragen zur Gesundheitsberater-Ausbildung wie zu den Selbsterfahrungsgruppen, Lebensberatung, Paartherapie und Psychotherapie bei Dr. Mathias Jung und weiteren Tages- und Wochenendseminaren sowie Einzelberatung sind zu richten an die Gesellschaft für Gesundheitsberatung GGB e.V., Dr.-Max-Otto-Bruker-Str. 3, 56112 Lahnstein (Tel.: 02621/ 917010, 917017, 917018, Fax:-02621/917033).

Fordern Sie ebenfalls ein kostenloses Probe-Exemplar der Zeitschrift „Der Gesundheitsberater" an.

Von Dr. Jung sind im emu-Verlag bisher in der „blauen reihe“ erschienen:

Von Dr. Jung sind im emu-Verlag bisher in der „roten reihe“ erschienen:

Von Dr. Jung sind im emu-Verlag bisher in der „gelben reihe“ erschienen:

Von Dr. Jung sind im emu-Verlag bisher in der Sprechstunden-Reihe erschienen:

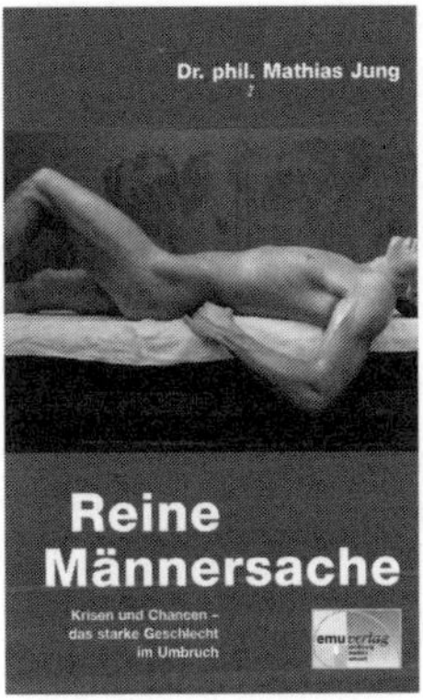

Von Dr. Jung sind im emu-Verlag bisher in der Sprechstunden-Reihe erschienen:

Von Dr. Jung sind in Zusammenarbeit mit Andrea Montermann (Illustrationen) folgende Titel erschienen:

Von Dr. Jung sind im emu-Verlag folgende Vorträge als Audiokassetten erschienen:

Lebensberatung

- Mein Charakter – mein Schicksal?
- Depression als Chance
- Das Verdrängte in unserer Seele
- Die Wunde der Ungeliebten
- Das Nein in der Liebe
- Was ist der Sinn des Lebens?
- Meine Sprache – meine Seele
- Söhne brauchen Väter
- Krankheit als Kränkung und Anpassung
- Eifersucht – ein Schicksalsschlag?
- Der Mann – ein emotionales Sparschwein
- Geschwisterliebe – Geschwisterrivalität
- Verlassen und verlassen werden
- Neurodermitis – Fehlernährter Körper – Aufgekratzte Seele
- Das sprachlose Paar
- Zweite Lebenshälfte – Endlichkeit und Aufbruch
- Das Drama der Trennung
- Ein Zimmer für mich
- Mut zur Angst
- Sexualität – Lust und Last
- Außenbeziehung – Krise oder Chance
- Liebesverträge in der Beziehung
- Lob der Einsamkeit
- Aggressionen unter Liebenden
- Mehr Zeit für mich
- Alkoholkrank: Der Betroffene und seine Familie
- Lebensbedingte Krankheiten nach Dr. M. O. Bruker
- Meditation: Freude – Angst – Hoffnung
- Alter und Tod. Rätsel der Natur
- Verzeihen und Versöhnen
- Frieden mit den Eltern
- Das Paar im Wandel: Jugend, Mitte, Alter
- Sexueller Missbrauch
- Seele – Sucht – Sehnsucht
- Organtransplantation – Sterben auf Bestellung?
- Humor und Zärtlichkeit
- Suizid – der Betroffene und die Angehörigen
- Übergewicht – der Kampf mit dem eigenen Körper
- Das Rätsel psychosomatischer Krankheiten

Märchen

- Der kleine Prinz – mein verschüttetes Ich
- Froschkönig – Glück und Zähneklappern der Liebe
- Das verletzte Kind in mir oder Hans mein Igel
- Sein und Schein oder Des Kaisers neue Kleider

- Schneewittchen oder das Drama des Neides
- Siddharta: das Rätsel des Lebens
- Eisenhans oder Wie ein Mann ein Mann wird
- Das tapfere Schneiderlein oder Mut zum Leben
- Eigensinn oder Die Möwe Jonathan
- Elternablösung – Hänsel und Gretel
- Außenseiter – Das hässliche Entlein
- Befreiung der Weiblichkeit – Das Märchen Blaubart
- Tödliches Schweigen – Der Fischer und seine Frau
- Schneewittchen – der Mutter-Tochter-Konflikt
- Dornröschen – Das Erwachen zur Frau
- Das kalte Herz – ein Männermärchen

Philosophie

- Sokrates oder Die Norm meines Gewissens
- Seneca oder Die Freude des Augenblicks
- Augustinus oder Der Zwiespalt
- Giordano Bruno oder Die neue Welt
- Montaigne oder Das Leben als Meisterstück
- Descartes oder Der Januskopf der Wissenschaft
- Spinoza oder Das Abenteuer der Diesseitigkeit
- Hobbes oder Die Zähmung der Bestie Mensch
- Leibniz oder Die Beste aller Welten
- Hume oder Das Ende des dogmatischen Schlummers
- Voltaire oder Die Waffe des Geistes
- Kant oder Die Mündigkeit
- Hegel oder Der Fortschritt
- Feuerbach oder Die Sache mit Gott
- Marx oder Die Entfremdung des Menschen
- Schopenhauer oder Die Qual des Seins
- Nietzsche oder Die Hymne auf das Leben
- Heidegger oder Die Angst
- Jaspers oder Die Weltphilosophie
- Hannah Arendt oder Vom tätigen Leben
- Bloch oder Das Prinzip Hoffnung
- Popper oder Die offene Gesellschaft
- Sartre oder Die Freiheit

Literatur

- Lessing – die Toleranz
- Wieland – die Aufklärung
- Goethe – Dichtung und Wahrheit
- Schiller – der Atem der Freiheit
- Jean Paul – Humor und Menschenliebe
- Hölderlin – Griechenland mit der Seele suchen
- Kleist – die Zerrissenheit des Menschen
- Novalis – die blaue Blume der Romantik